高等学校实践教学系列丛书▶

# 品牌创意案例教程

## 以榄菊为例
## 洞察中国企业品牌年轻化之路

胡振宇 薛洪伟 陈绍洪 穆虹 编著

清华大学出版社
北京

## 内容简介

当创意都是套路时,就缺乏了灵性,也缺乏了鲜活的内容。大学生通过参与学院奖的创意比赛,以榄菊为实战命题,找到了创意的方法和路径。本书以榄菊为例,诠释了在"95后""00后"消费时代,品牌如何与年轻人沟通,大学生如何创意出好的作品。同时,透过这些鲜活的创意,洞察未来新生代力量的品牌触点。

本书是一本反映"95后""00后"年轻人群的创意启示录,不仅可以作为高等院校广告学专业的实战案例教程,而且可以作为有志于品牌年轻化的广告从业人员的案头必备书。

本书封面贴有清华大学出版社防伪标签,无标签者不得销售。
版权所有,侵权必究。举报: 010-62782989, beiqinquan@tup.tsinghua.edu.cn。

图书在版编目(CIP)数据

品牌创意案例教程: 以榄菊为例洞察中国企业品牌年轻化之路 / 胡振宇等编著. —北京: 清华大学出版社, 2022.11
(高等学校实践教学系列丛书)
ISBN 978-7-302-62113-3

Ⅰ. ①品… Ⅱ. ①胡… Ⅲ. ①企业管理—品牌战略—案例—中国—高等学校—教材 Ⅳ. ① F279.23

中国版本图书馆 CIP 数据核字(2022)第 200502 号

责任编辑: 徐永杰
封面设计: 汉风唐韵
责任校对: 王荣静
责任印制: 朱雨萌

出版发行: 清华大学出版社
网 址: http://www.tup.com.cn, http://www.wqbook.com
地 址: 北京清华大学学研大厦 A 座　　邮 编: 100084
社 总 机: 010-83470000　　邮 购: 010-62786544
投稿与读者服务: 010-62776969, c-service@tup.tsinghua.edu.cn
质量反馈: 010-62772015, zhiliang@tup.tsinghua.edu.cn

印 装 者: 天津鑫丰华印务有限公司
经 销: 全国新华书店
开 本: 170mm×240mm　　印 张: 17.5　　字 数: 265 千字
版 次: 2022 年 12 月第 1 版　　印 次: 2022 年 12 月第 1 次印刷
定 价: 88.00 元

产品编号: 098397-01

# 高等学校实践教学系列丛书
## 编 委 会

主任单位：广告人文化集团（天津）有限公司
　　　　　榄菊日化集团
　　　　　中国大学生广告艺术节学院奖组委会
　　　　　天津创意星球网络科技股份有限公司

主　　编：胡振宇　薛洪伟　陈绍洪　穆　虹
丛书顾问：董立津
丛书编审：陈晓庆　李宏毅

**编委会成员**

编委会主席：金定海　莫康孙
部分高校委员（按姓氏拼音排序）：
曹　琳　江汉大学设计学院
曹　雪　广州美术学院艺术设计学院
巢乃鹏　深圳大学传播学院
陈　刚　北京大学新闻与传播学院
陈辉兴　华侨大学新闻与传播学院
陈　龙　苏州大学传媒学院
陈志莹　天津理工大学艺术学院

| | |
|---|---|
| 崔保国 | 清华大学新闻与传播学院 |
| 丁俊杰 | 国家广告研究院 |
| 段淳林 | 华南理工大学新闻与传播学院 |
| 高　菲 | 江苏师范大学传媒与影视学院 |
| 高红阳 | 东北师范大学传媒科学学院 |
| 宫丽颖 | 中央财经大学文化与传媒学院 |
| 顾　铮 | 复旦大学新闻学院 |
| 桂元龙 | 广东轻工职业技术学院艺术设计学院 |
| 郭肖华 | 厦门理工学院影视与传播学院 |
| 国秋华 | 安徽大学新闻传播学院 |
| 韩志强 | 山西大学新闻学院 |
| 何红艳 | 合肥工业大学建筑与艺术学院 |
| 何　洁 | 清华大学美术学院 |
| 胡百精 | 中国人民大学新闻学院 |
| 胡川妮 | 广州美术学院 |
| 胡国华 | 南昌理工学院传媒学院 |
| 侯迎忠 | 广东外语外贸大学新闻与传播学院 |
| 罗文坤 | 吉林动画学院文化产业商学院 |
| 雒三桂 | 重庆大学艺术学院 |
| 黄合水 | 厦门大学新闻传播学院 |
| 黄慕雄 | 华南师范大学教育信息技术学院 |
| 黄秀莲 | 福建师范大学协和学院 |
| 黄也平 | 吉林大学文学院 |
| 金定海 | 上海师范大学影视传媒学院 |
| 金　星 | 云南民族大学文学与传媒学院 |
| 靳义增 | 南阳师范学院新闻与传播学院 |
| 李大伟 | 南京艺术学院高职学院 |

## 编委会

李华强　复旦大学新闻与传播学院

李　乐　宁波大学人文与传媒学院

李　鹏　西安外国语大学新闻与传播学院

李少博　内蒙古师范大学国际现代设计艺术学院

李　伟　湖南女子学院美术与设计学院

刘　洪　广西大学新闻传播学院

刘境奇　广东城建学院艺术设计学院

刘林沙　西南交通大学人文学院

刘秀伟　北京印刷学院设计艺术学院

陆　地　北京大学新闻与传播学院

罗　铭　安徽师范大学新闻与传播学院

马　泉　清华大学美术学院

聂鑫鑫　四川大学锦城学院文学与传媒学院

潘　强　首都师范大学美术学院

彭　云　武汉工程大学艺术设计学院

饶　鉴　武汉传媒学院设计学院

任丽凤　北京城市学院艺术学部

任丽华　辽宁科技学院人文艺术学院

单　炯　湖南应用技术学院设计艺术学院

单晓红　云南大学新闻学院

沈　虹　中央民族大学新闻与传播学院

史伟争　哈尔滨师范大学传媒学院

宋荣欣　郑州工业应用技术学院艺术学院

宋维山　河北师范大学新闻传播学院

宋　哲　浙江传媒学院文化创意与管理学院

苏　杰　湖南文理学院学科竞赛办

孙传宝　成都银杏酒店管理学院

| | |
|---|---|
| 孙　青 | 大连工业大学艺术设计学院 |
| 孙文清 | 浙江农林大学文法学院 |
| 孙云宽 | 青岛农业大学动漫与传媒学院 |
| 汤晓山 | 广西艺术学院设计学院 |
| 汪维丁 | 重庆工商大学艺术学院 |
| 王建勇 | 贵州民族大学美术学院 |
| 王灵毅 | 湖北美术学院设计系 |
| 王　谦 | 西安欧亚学院文化传媒学院 |
| 王若鸿 | 西安工业大学艺术与传媒学院 |
| 王韶春 | 沈阳工业大学文法学院 |
| 王晓乐 | 中央财经大学文化与传媒学院 |
| 王　艺 | 广州大学新闻与传播学院 |
| 王　勇 | 湖南城市学院艺术学院 |
| 卫军英 | 浙江大学城市学院传媒与人文学院 |
| 卫　欣 | 南京林业大学人文社会科学学院 |
| 魏宝涛 | 辽宁大学新闻与传播学院 |
| 邬盛根 | 上海大学新闻传播学院 |
| 吴　灿 | 湖南工商大学设计艺术学院 |
| 肖　虎 | 中国传媒大学广告学院 |
| 肖建春 | 四川传媒学院传播与经管学院 |
| 徐　豪 | 安徽财经大学传媒艺术学院 |
| 许伟杰 | 浙江工业大学生活形态与创新研究中心 |
| 薛　明 | 天津美术学院设计艺术学院 |
| 阎　峰 | 上海交通大学媒体与设计学院 |
| 颜景毅 | 郑州大学新闻传播学院 |
| 杨定强 | 重庆大学艺术学院 |
| 杨　枫 | 贵州财经大学文化传播学院 |

杨　杰　南京林业大学艺术设计学院
杨立川　西北大学新闻传播学院
杨同庆　首都经贸大学文化与传播学院
杨先顺　暨南大学新闻与传播学院
姚　曦　武汉大学新闻与传播学院
由磊明　山东建筑大学艺术学院
于永俊　兰州大学新闻与传播学院
曾　光　南昌大学新闻与传播学院
张　兵　天津师范大学美术与设计学院
张殿元　复旦大学新闻与传播学院
张金海　武汉大学媒体发展研究中心
张　翔　国家广告研究院
章　燕　浙江大学传媒与国际文化学院
赵海生　北京大学案例研究中心
赵世勇　天津商务职业学院
赵晓红　吉林大学应用技术学院
钟以谦　中国传媒大学广告学院
周华清　福建工程学院人文学院

# 序一

## 穆虹：让创意的梦想插上翅膀

我年轻时喜欢读金庸的小说，向往那海阔天空的雄奇壮丽，沉迷于风花雪月的妩媚柔情，更渴望习得一身绝世武功，笑傲江湖！

也许正因为天生的乐观精神和浪漫情怀，所以我成为了一名大学教师，那小小的一方讲台，一站就是30多年。看着自己青丝变白发，所幸也算是桃李满天下，人生如此，也该心满意足了。

可我偏偏是个闲不住的人，总恨不得把最好的东西都给学生们。

从教之初，我夜以继日地拼命读书，不断磨砺自己的专业水平。可是我发现，一人计短，我教的学生终究有限，我希望让更多的学生学有所得、学有所成。

再后来，中国广告教育的更新速度开始落后于一线市场的瞬息万变，而且这种僵化滞后的情况越来越严重，看到中国大学生广告艺术节学院奖（以下简称学院奖）每年的参赛作品中关于媒介策略的呈现，真的是远远落后于真正的媒介市场，同学们需要走向真正的社会实践。

偶然的机会，我们独家承办了学院奖。从参与者到操盘者，我的角色变了，可是我的初心从未改变：我要把学院奖打造成实战教学的第一阵地，让高校教育与一线市场紧密结合；我要让广大的学子得到平等的广告教育和创意比拼的机会；我要让学院奖成为一代代高校学子心中的"华山论剑"，激起他们永不服输的年轻气魄。

经过20多年的努力，学院奖终于实现了它的初心。但是作为一名教师，我却对一件事耿耿于怀，那就是高校广告专业缺乏真正意义上的、适用于实战教学的教材。由此,继快克之后这本以榄菊为例来洞察创意思维的教材就诞生了,未来或许有更多的品牌会参与进来,至少我们迈出了第二步。

为什么要出版这本教材?

社会上有一些说法,当代年轻人的自我、个性等特性都是社会人群归纳总结的,新一代年轻人到底如何认知品牌、认知创意?这一群体的特点到底如何?别人说了不算,年轻人自己说了才算,也是这些大学生们自己创意的作品背后透视的品牌观说了算。书中的创意作品均来自"95后""00后"的大学生,针对榄菊品牌的洞察,年轻人创意出年轻人喜欢的作品,从而反映出新时代背景下企业的品牌年轻化脉络,同时也透视了中国高校教育的实践教学水平,用年轻人的创意来印证年轻人喜欢的品牌观。

对于参赛学生来说,本书是指导参赛的"九阴真经",从"招式"的原理,到"招式"的变化,再到"招式"的运用,书中都解析得清清楚楚、明明白白。

作为一名教师,这本书就是我心目中实战教学的必读经典。首先,全书结构严谨、条理清晰,完全符合作为教材的标准;其次,书中提到的方法论简明易懂,即使对于广告行业的新进入者而言,也没有任何阅读障碍;最后,书中所列举的多数案例,都是学院奖实实在在的获奖案例,不仅真实,而且有极高的参考价值。

年轻人,尤其是大学生人群,是每个国家、每个民族最宝贵的一个群体。他们既是一个国家得以运转的新鲜血液,更是一个民族赖以发展的希望。榄菊以公益发心，服务教育，造福国家，无愧一句：为国为民，侠之大者。

这是一本创意实践书，这是一本高校实践教学辅导书，这更是一本企业品牌年轻化的实战案例书。

穆 虹

中国广告协会副会长

广告人文化集团总裁

# 序二

## 薛洪伟：榄菊的教育情怀

"非常高兴能够斩获全场大奖！更感谢榄菊为我们提供了这么好的命题方向，让我们不仅对榄菊的品牌和产品有所了解，更重要的是我们学到了很多关于蚊虫防制的知识。也正是这些知识让我们的作品更真实，更有趣，更能引起共鸣！谢谢榄菊！谢谢各位评委老师！"这是 2020 年中国大学生广告艺术节学院奖春季征集颁奖盛典上，斩获最高奖项"全场大奖"的师生团队在领奖台上的感言。我很为他们感到高兴，也为榄菊的品牌年轻化所取得的成绩感到骄傲。当时便有一个模糊的想法在我的脑海中一闪而过。

2021 年 8 月，在"榄菊实效创意奖"评审会上，榄菊有幸邀请到北京大学视听传播研究中心主任陆地教授、清华大学美术学院视觉传达系马泉教授以及中央财经大学金融品牌研究所所长王晓乐教授，我在评审之余向三位学界大咖倾心请教，对于中国广告教育的现状有了更深刻的认识和理解。这时候，我脑海中的那个想法也逐渐清晰起来。

2021 年底，广告人文化集团穆虹老师率领团队造访榄菊，同行的还有天津师范大学新闻传播学院广告学系主任胡振宇副教授。期间，我们针对榄菊的品牌年轻化建设进行了深入的探讨，解答了我一直以来的想法——榄菊应该为中国广告教育贡献一本实践型教材。

作为国货品牌的代表，榄菊 40 年来一直深研有害生物的防制问题，与学院奖的携手更是对榄菊品牌年轻化工程的重要补充，凭借与百万大学生的深度互动，不仅听取了年轻人的需求与想法，聚焦他们对品牌和产品的灵感与创意，同时也可以把可行部分应用到品牌实践之中，完成品牌和产品的年轻化升级。

大学生对新生事物与知识的接受程度具有绝对优势，是不同于任何一个人群的。但是现在的大学生和以往不一样，以往的大学生更注重校园知识的学习，现在的大学生眼观六路耳听八方，知识面更丰富。不过从企业的角度出发，我依旧希望大学生稳下来系统学习理论知识。虽然说现在传播方面有抖音、小红书等新媒体的出现，但是营销的基本原理万变不离其宗，且深深根植于最基础的专业知识和理论之中。我想，这也正是本书的价值所在！

值此新书付梓之际，回顾一下本书出版的心路历程，也期待本书成为中国广告教育行业的一本经典教材。

薛洪伟

榄菊日化集团总裁

# 序三

## 胡振宇：高校实践教学的创意兵法

  2018年，第一批"00后"步入成年走向社会，属于他们的新时代开启了。如今，被标签为"421家庭宝宝""独二代""网络原住民"的"00后"们已是高校校园当之无愧的主人，也是中国品牌创意的生力军和消费市场的主力人群。他们成长在经济全球化、信息技术化、媒介多样化的时代背景下，具有明显不同于其他世代的特点，彰显着与时代同步向前的青春气质与创新精神，集聚着中国未来市场发展的无限可能与希望。面对这样一代"新新人类"，理解他们的时代属性、思维方式与文化特征，把握他们的创作动机、创意风格与消费需求，已经成为中国品牌增量发展和资产积累的关键任务。

  品牌年轻化是近些年广告理论与实务界共同的认知。各品牌方一方面在产品力上不断创新研发、提升品质；另一方面在传播力上尝试寻求用年轻人喜欢的平台和方式与之交流。两手都要抓，两手都要硬。虽不易，却也有不少品牌已经摸索出一套年轻化方略，取得了不俗的市场效果。当我们拿到榄菊近四十年品牌发展资料细细研读时，不禁为品牌顽强的生命力和与时俱进的市场敏锐力点赞，新媒体时代榄菊的创意传播策略可圈可点。

  如果我们将"创意"本身IP化，那么他（她）一定是个朝气蓬勃的年轻人，有着变幻莫测之面庞和万千年不老之身躯，行走在每一个时代的潮头。青年人热爱创意、迷恋创意，品牌主依恋创意、渴望创意，媒体垂涎创意、追赶创意。魅力四射却神秘而飘忽的创意可得又不可得，令人心神向往又有些无可奈何。当我们在学院奖的作品池里整理着大量的来自年轻人之手的好创意时，似乎找到了中国"00后"们创意生成的些许秘籍。

广告实践是广告学专业教育的核心抓手。随着中国广告市场的繁荣和行业实践的不断演进变化,广告教学实践活动越来越多地以中国品牌实践经验为教学案例,围绕着发现和做好中国品牌创意而展开。广告实践教学的转型需要相关的案例型教材作为教学辅助,亦需要能够嫁接品牌、行业与高校资源的平台作为支撑。多年来,广告人文化集团持续为高校与市场创造链接,为广告教育输出优质企业案例,不断地在产学研融合发展领域发挥着资源型平台的独特整合作用,为高校培养创新型实践型的高水平专业人才贡献力量。

当品牌传播追逐年轻化,当年轻化遭遇"00后",当"00后"学习创意传播,当创意传播在学院奖平台论剑时,因广告而聚汇的奇缘便产生了。本书便是此中奇缘之一,即一本以榄菊的品牌年轻化创意传播为案例,透过学院奖作品解密"00后"创意,可供高校广告、营销、设计等相关专业使用的实践教学用书。本书也同样适用于希望了解品牌年轻化沟通策略与方法的品牌主、广告公司与媒体相关人士阅读参考。

胡振宇

天津师范大学新闻传播学院广告学系主任

# 序四

## 陈绍洪：用年轻创意驱动品牌年轻化

  说到榄菊与"创意"这个词的连接，想必"80后""90后"还有些许印象。"包租婆，怎么没水呢？""有蚊虫，用榄菊啦！"的创意在当时很出圈，但随着广告创意的"光速"迭代，榄菊也和其他品牌一样在寻求新的创意点。品牌要不断创新，就要用青春活力和鲜活创意来驱动品牌年轻化，用年轻人的创意影响年轻人；逐步构建学院奖"领鲜"的传播生态，从创意、传播、营销、品牌到产品形成完整的闭环，持续渗透年轻群体，将榄菊品牌融入当下的消费趋势。这也是榄菊品牌迅速与学院奖敲定合作的原因。

  在传播上，榄菊一直追求内容和生态驱动品效合一。也正是在这个过程中，让我看到了学院奖的价值，看到了属于Z世代的鲜活创意。我们从每一届新作品中都能看到最新鲜的元素，不仅能反映这个时代的特征，也能反映这一代年轻人的想法和思维方式。这不仅可以帮助我们了解Z世代，走进年轻人市场，更能帮我们把握年轻人的喜好，变"引领年轻人观点"为"积极提供平台和渠道"，鼓励与支持年轻人通过内容去探索意义，帮助品牌持续年轻化。

  与学院奖合作的意义不仅局限在对品牌年轻化实力的提升，对中国高校的价值也不容小觑。产教融合作为一种崭新的教育合作关系，为有创造力、创意力的学生搭建了展示的平台。学院奖项目之于榄菊品牌、于高校、于学生都具有创新性的意义和价值，更是榄菊品牌对于社会责任的担当。

  最后，用一段学生的文案作品作为结尾：

夏天的梦，是榄菊味的 \ 时常在梦中见到一丛菊花 \ 盛开着，盛开着

它高傲，从不近蚊虫 \ 它朴实，扎根大自然

我捧着一朵，细嗅芳香 \ 漫步在这芳野乡径 \ 拂来一股微风 \ 是奶奶的蒲扇

记忆中的夏天 \ 好像只有 \ 默默无闻的奶奶和默默无蚊的榄菊

感谢守护我夏天的梦！

这样的文案作品，既有年轻人对于品牌的理解更有年轻人自己的创意巧思，有血有肉的作品，与君共赏此为序。

陈绍洪<br>
榄菊日化集团市场部总经理

# 目 录

### 第一章　洞察决定战略　　1
　第一节　"00后"来了　　2
　第二节　中国企业品牌年轻化趋势与实践　　13
　第三节　国民日化企业品牌创意演变　　22

### 第二章　洞察决定创意　　39
　第一节　"00后"创意文化洞察及创意密码　　40
　第二节　"00后"的创意策略洞察及创意解码　　80
　第三节　"00后"的视觉创意表现洞察及创意解码　　108
　第四节　"00后"短视频的创意启示及创意密码　　136

### 第三章　洞察决定传播　　167
　第一节　传播，走进年轻人的心里　　168
　第二节　适合年轻人的传播平台及内容分析　　185

### 第四章　案例分析　　221
　案例分析1：　　222
　品牌年轻化视阈中的突围与联合
　案例分析2：　　228
　Z世代消费崛起下的品牌年轻化沟通之道

案例分析 3： 234

品牌年轻化——中国企业如何打赢"Z世代攻心战"

案例分析 4： 242

榄菊品牌年轻化整合营销策略探析

案例分析 5： 248

面向 Z 世代的品牌传播策略研究

**参考文献** 256
**后记** 259

# 第一章
# 洞察决定战略

**导语**

市场洞察的结果是获取更大的机会,然后发展自身的优势,从而赢得机会。扬长避短,发现机会,市场洞察可以帮助企业战略制定者了解外部环境的变化、客户需求的变化以及竞争对手的现状,帮助战略制定者洞察市场计划,制定合理的战略。

# 第一节 "00后"来了

## 一、"00后"的成长背景

随着"00后"进入大学阶段,中国社会的一个重要群体开始登上舞台。千禧世代的成长受到了各方的影响,大到国家政治,小至家庭环境,无不影响着这一代人。于"00后"而言,伴随着互联网成长是他们与前人的不同之处,但影响他们成长的绝不仅有科技,同时还有其他众多因素。我们从社会背景、科技背景、家校背景三个角度剖析"00后"的成长背景,尝试更深层次地了解"00后"。

### 1. 社会背景

"00后"专指出生于2000—2009年的中国年轻一代,他们的出生恰逢中国经济进入高速增长的黄金十年,一出生就享受着改革开放的巨大成果。稳定的政治让"00后"生活在国家的庇护和老辈人的福祉中,他们在社会主义核心价值观的教育下成长,见证了国家发展中的一桩桩历史大事件,看着中国的国际地位和影响力显著提升,因而"00后"普遍拥有较高的国家自信和民族认同感。同时,"00后"出生于我国计划生育紧缩时期,即以独生子女为主流的时代,他们的身上也就表现出更多关注自我等独生子女的显著特征。

随着我国经济发展水平的逐年提高,国民消费水平也随之提升,与此同时,年均家庭收入也有了一定的提高,消费观念自然而然发生改变。这就使得作为独生子女的"00后"有了更多的零花钱,既拥有更高的消费力,也拥有了更大的财务自主权,有机会进行独立购物。优越的物质生活,让"00后"有了更多体验生活的机会。

改革开放的背景下,"00后"可以接触到世界上各个国家的文化。影视、音乐、艺术……任何形式的文化表现都可以通过互联网呈现在他们的面前，他们取其精华、弃其糟粕，选择自己感兴趣的文化去了解。然而，即便受到外来文化较为深刻的冲击、影响，"00后"的爱国情怀与民族认同感并未减退，从国潮的兴起便可知他们对于中国传统文化的认同感与自豪感。

### 2. 科技背景

随着经济水平的提高，科技水平也在突飞猛进，电脑、手机等高科技产品和技术的出现，尤其是互联网的发展给恰好在这个时间点出生的"00后"带来翻天覆地的生活转变。作为"互联网原住民"的"00后"，面对开放的网络平台，爆炸的信息量，不断加深的信息全球化，他们获取信息的门槛大大降低。网络的发展，让他们相隔两地也可以随时交流；大数据的发展，使得他们只需动动手指就可以查询到自己想知道的一切；网络支付的发展，让他们的生活变成了"一部手机走天下"；人工智能的发展，让他们的生活变得更加数字化、更加便利。

生活水平的提高以及科技进步带来的成本降低，使得智能手机等触网设备被"00后"更早、更普及地使用。比起"90后"的PC时代，"00后"手握一块"电子长方体"便可随时随地移动上网，能够更方便地利用网络了解各种内容、接触各种媒体，这种知识渠道的广阔是划时代的，太多方式可以令他们接触到各个领域的新鲜信息，这也使得"00后"在心智上成长得更快。网络可以说是"00后"成长的一个催化剂。

腾讯社交大数据统计，"90后"的中学时代最初基本上是在QQ、人人网的陪伴下度过的，到后来微博、微信及知乎的兴起，接触的平台才逐渐多了起来。而"00后"则是接触着这些平台长大，还有抖音、快手等更多新兴平台。媒介随网络进步发生的变迁让"00后"掌握更多上网的主动权，他们所接触的应用软件更多样，接触的信息内容也更加丰富。

移动互联网让这一代人能更高效地探索、尝试不同的领域。"00后"可以通过各种App去发现自己的兴趣，并且深入地寻找更多的资料学习。同时，无论是对于社会事件的发声还是对于个人生活的展示，互联网都是他们表达自我的一个有效途径。他们也善于运用互联网去查找想知道的答案，即使是询问过专业人员后，他们仍会进行一番自己的搜索。

### 3. 家校背景

"00后"基本上都是独生子女，他们父母的年龄段多为成长于改革初期的"70后"和"80后"，整体受教育程度较高，观念相对开放，在处理亲子关系时倾向于选择平等民主的教育方式，愿意给予子女更多的参与权和表达权，亲子关系融洽。父母的独家关爱促使"00后"对家庭的依赖感增强，他们的性格自我、独立，同时也意识到资源对于自身的重要性，从而学会合理地利用资源。"00后"的这种自我并非自私，而是更充分地了解自己，知道自己的所想所需，即"懂即自我"。也正因为没有兄弟姐妹的作伴，他们对于友谊十分看重，喜欢用兴趣和技能去结识志同道合的朋友，愿意和朋友分享，也包容与朋友之间的差异。虽然他们对于金钱有一定的自我支配，但"金钱至上"并不是他们交友、对待他人的标准，平等、友爱反而是他们在相处中更为看重的，这也与他们学习成长的环境有关。

在九年义务教育的制度下，"00后"的成长和生活基本上是家和学校的"两点一线"。但与前几代人不同的是，"00后"的家校管理更加民主。不论是家中的父母还是学校的老师，都更倾向于听取他们个人的意见，父母与子女、师长与学生之间的相处模式在互相尊重的前提下更像是平等的益友。不管是在家中还是在学校，"00后"都有更多的机会发表自己的观点。他们懂得平等的概念，同时也知道在不同的场合之下该怎样说、怎样做。

但独享来自家庭照顾的"00后"，面对长辈的期望与压力也更多，他们的学习压力也更大。有数据显示，"00后"参加课外班的时间是"90后"的3倍，除了每天上学、回家做作业，周末还要上补习班、提高班，学习压力从校内蔓延到校外，父母不经意的施压、同龄人之间的竞争都会令他们透不过气。因此，他们每天的娱乐时间压缩到了晚上和凌晨，熬夜打游戏、戴上耳机陷入情绪漩涡……日复一日开启恶性循环。不过，随着教育政策的调整，对于学生的减负减压和课外辅导班的整治，或许能让他们松一口气。

## 二、"00后"的价值观与消费态度

"00后"出生在改革开放后的第三个十年,物质生活更加优越,精神生活逐渐丰富,眼界更加开阔,兴趣爱好也更为广泛,知识内容更为多样,思想观念更为多元兼容。他们是以独生子女为主流的一代,也具有独生子女身上才会更普遍具有的特点,更关注个人感受,也更乐于为自己投资。"00后"的成长环境促成了他们独特的价值观,而他们独特的价值观又与他们的消费态度紧密相关。

### 1. "00后"价值观的特征:混合价值观

随着世界经济日益一体化以及政治的多元化发展,不可避免地,不同的文明以及民族之间有了文化的交融以及碰撞。中华传统文化流淌在血脉中,同时,来自西方的文化和价值观也给"00后"带来了影响和冲击,尤其是在信息化时代,应接不暇的信息就像潮水一般涌向"00后"。在接受主流文化和价值观影响时,"00后"也在不断地创造着体现自身特点的新文化、新价值观。

当下,"00后"群体体现的主要价值观,呈现出较为鲜明的"混合价值观"的特征,主要表现在:①"双重转型"。他们的价值追求在生存—幸福价值、传统—现代两个维度中并没有偏重,而是表现为"双高"意愿,持混合价值观的"00后"比例远远超过物质主义和后物质主义价值观的比例。②"深度现代化"。国家富强是当代青年核心价值认同中排序第一的目标,他们对物质富裕的追求仍处于较高水平,他们对政治持积极参与的态度,高度认同法治、科学等现代科层社会的理性价值。③在"大同"中求"小异"。他们同时具有社会整体规范价值观和个人幸福价值观。他们重视快乐与和谐,倡导生态主义,在个人价值上虽然表现出个体化、传统权威等消退的倾向,但重诚信,认同中国文化,强调社会整体性。

价值观作为主体对客体及自身总的观点、态度或信念,不仅深刻影响着"00后"自身的发展,同时也深刻地影响着社会的发展。与我国改革开放与现代化发展具有显著的本土化特色一样,"00后"价值观的演化同样呈现出鲜明的群体独特性。

### 2. "00后"的六大价值观与引申的消费态度

不同于2000年以前出生的人群,"00后"的价值观吸收了不同的文化以及信息,他们的价值观是混合的、不单一化的。调查数据显示,"懂即自我""现实""平等""包容""适应""关怀"是"00后"六大最突出的价值观。我们结合具体的例子进行六大价值观的分析,并且联系"00后"由六大价值观引申而出现的消费态度进行剖析。

#### 1)"懂即自我"引申的消费态度

"懂即自我"是指"00后"以对某领域的深刻见解和成果来定义自我,他们愿意为自己的兴趣投入时间和金钱。与此同时,他们会用这样的价值观看待自己的偶像或者是自己购买的品牌。据统计,92%的"00后"向往、希望看到偶像坚定自己的兴趣,60%的"00后"更倾向于购买那些能够专注做好独到见解以及潜心研究成果的品牌,他们会去了解品牌背后的理念和故事。总的来说,"00后"的消费,不只是产品,还有态度。

#### 2)"现实"引申的消费态度

虽然"00后"物质生活优越,但是他们养成的高自我认知,让他们对于自己的消费能力有一定的把握:知道自己能够消费得起什么。"现实"让他们对于自身以及商品的定位更加清晰,不会一味地消费购买,反而会保留自己的理性思维。面对超出自我消费能力但十分热爱的东西,无论是打工还是攒钱,他们通常会先靠自己的努力去提高自己的消费力,而不是一味地向家长"伸手"去满足自己的消费欲望。

"00后"更是"现实"的聪明消费者,懂得利用发达的信息网进行比较,不是一味地追求品牌或是捧高进口产品,会"货比三家",选择最适合自己需求以及消费水平的产品。而且随着国货、国潮的兴起,"00后"也越来越重视国货,欣赏国货之美,探索性价比高的"国货之光"。

#### 3)"平等"引申的消费态度

平等观念下长大的"00后"似乎并不为意见领袖(Key Opinion Leader, KOL)带货买账。腾讯调查数据显示,只有16%的"00后"认同"博主或主播离我们的距离更近，推荐的产品比明星的更值得信赖"，绝大多数"00后"发现现在的主播与以前的性质不一样了，刷礼物的粉丝就会受到主播的特别对待，而那些不花钱的粉丝并不能得到主播对于自己喜欢的反馈，主播与粉丝之间变得功利化，同时大部分被推荐产品都是带有商业性质的，即使这些产品并不具有高品质……种种行为让"00后"开始不再相信"带货"，KOL的影响对于他们也在逐渐降低。

4)"包容和适应"引申的消费态度

对于"00后"来说，互动交流的平台更加宽阔，他们中有不少人表示自己会在社交平台发布内容进而激发与朋友之间的互动，如点赞、评论、转发等；也有很大一部分人表示会通过社交平台发布的内容去展示自己对某一领域的兴趣。不论是日常靓照还是游戏段位截图，社交平台都是"00后"进行自我展示的平台，在这里他们与好友甚至陌生人进行一系列的互动，同时也能看到其他人与自己不一样的生活内容以及兴趣爱好分享。

"00后"爱大众也爱小众，突出的一点在游戏领域。他们接触网络游戏呈低龄化趋势，主要集中在小学到初中时期，游戏偏好有4399网页小游戏、森林冰火人、球球大作战等休闲益智类小游戏，也有王者荣耀、刺激战场等大型竞技类游戏，还有恋与制作人、奇迹暖暖等"纸片人"类游戏，他们对游戏的包容性和适应性极强，也愿意在游戏中"氪金"来为自己买装备、买皮肤、买游戏道具等，将钱花在虚拟的电子世界在"00后"之中是一种常态。

5)"关怀"引申的消费态度

"00后"的"关怀"在消费态度上更多地体现在对于国产品牌的认可，商品贴上"国外品牌"的标签并不会过多地吸引他们的注意力。在爱国教育下成长的他们，对于国货的支持似乎也是他们心系国家的一种方式，他们并没有"外国的月亮更圆"的想法，反而有着强大的民族认同和文化自信，容易被有内涵且优质的国货打动，为国货骄傲。从故宫彩妆的推出、李宁悟道登上世界走秀平台、气味图书馆的大白兔奶糖等品牌案例都可以看出近几年"国潮文化"的大火程度。国产品牌的不断出圈，吸引着"00后"将更多的目光聚焦在国货品牌上。

## 三、"00后"的社交属性与购物习惯

成长在网络环境下,从和网络宠物为伴,到能和虚拟人物交友、在不同的社群中有着不一样的好友,线上社交已经逐渐取代通信和电话,占据了当代"00后"的大部分社交空间。"00后"早已活跃在了以社交互动为主的新媒体时代,他们的生活习惯、消费主张已经紧紧地和线上社交交织在了一起。

**1. 视频与直播成为"00后"生活中不可或缺的元素**

随着网络媒体的不断发展和演变,视频网站和直播产业的内容也充盈起来。加之网络工程的发展,网络和各类通信设备在城市以及乡村中都达到了高度普及,以直播为代表的新媒体已经有取代广播、纸媒等传统媒体的趋势。作为在互联网时代出生与成长的一代人,"00后"的中学时期是手机上网时代,移动媒介的普及使得"00后"的生活自然伴随着视频与直播。

1)"00后"借助视频与直播资源进行学习

"00后"能通过网络上的视频与直播资源进行学习,拓展知识。不同于以往的线下学习,丰富的线上资源让"00后"足不出户就能接受"课外辅导"。直播课堂讲解、在线解答指导等内容的网络辅导效果不亚于甚至优于线下辅导班。若有不同的兴趣爱好,还能寻找网络视频资源,向不同行业领域的"大牛"学习,甚至可以在直播中获得"大牛"们的经验分享以及指导。

2)"00后"在视频与直播中进行娱乐

"00后"的娱乐生活离不开视频与直播。许多"00后"的屏幕使用时间App排行榜中,前三名必定有一个视频类App。B站已经成为许多"00后"的"快乐老家",近几年兴起的抖音更是时下"00后"的娱乐大本营,"00后"在这些软件中既是生产者又是消费者,兼顾产出与获取内容。在"00后"所使用的直播软件中,除了有大众耳熟能详的视频类直播平台,如虎牙、斗鱼等,还有语音直播平台,如猫耳、克拉克拉、荔枝FM等。其中克拉克拉还结合了受"00后"欢迎的二次元元素,拓展了独特的直播产出内容。

3)"00后"在视频与直播中获得新闻信息

"00后"在视频与直播中关注社会与国家,通过视频与直播"开眼看世界"。

"00后"所处的时代背景促成学校以及家长都更愿意听取孩子的意见，使得"00后"敢于也乐于对不同的事件表达看法，并且愿意关注社会与国家大事。

#### 4）视频与直播在品牌年轻化中的优势

对于"00后"而言，相比其他营销方式，短视频、直播营销的内容更加生动，对他们的触达也更为直接。"00后"不仅会接收平台信息，更会与平台双向互动。视频、直播平台是"00后"体现"参与感"的舞台，即便是最简单的点赞、评论，也能提升"00后"的参与感。

对于品牌而言，提升营销过程中消费者的互动性，调动其参与感，是激发消费者主动裂变传播的主要动力。对于品牌营销而言，视频、直播在带来流量的同时，也会增加营销成本。如若能够巧妙地利用视频、直播营销，在一定成本的前提下达到最优的宣传营销效果，不仅能为品牌带来红利，还将拓展品牌的全新营销领域。例如，在2020年某主播首场"双11"直播中，直播间人数高达1.6亿人次，点赞数超2.5亿次，评论超2.4万条，打破了其直播带货以来的历史纪录。

### 2. 线上社交与宅经济影响"00后"的消费习惯

自媒体平台上诞生的社交互动模式衍生出了新的社交方式，加之物联网的蓬勃发展，线上社交和宅经济更是被不断"添火"，"00后"新的消费习惯也被养成。

#### 1）"线上社交"影响"00后"的消费意见采纳

"00后"成长于互联网、移动互联网蓬勃发展的时期，活跃在以社交互动为主的新媒体时代。他们宅，却钟爱社交尤其是线上社交，懂得充分运用新媒体时代独有的生活元素，对生活进行重构。

线上社交媒体中的KOL"种草"环节越来越成为"00后"的消费指南。例如，小红书软文硬广结合着大数据的分析，就在不断影响着"00后"的消费观。博主们比起明星，透露出的亲民感更能打动"00后"。在社交媒体中，集中在一个平台中的同社群消费者也会进行讨论，这样的讨论可更高效率地获得更多的消费信息。受到"饭圈亚文化"的影响，"00后"在消费前习惯在线上进行各种讨论，从日常生活用品、衣服配饰到电子器材都能进行讨论。来自同样生活背景的同龄人所提出的看法，比父母长辈的意见更容易被采纳。

但需要引起注意的是，"00后"早就习惯了数字科技带来的变化，"科技改变生活"的概念或许已经不能成为一举击中他们的"痛点"，科技能够激起他们的兴趣，但无法带给他们长久的兴奋感。所以在消费习惯上，"00后"比起前一代的消费者，会更加严谨。

线上社交在一定程度上，影响甚至塑造了"00后"多维的价值观。在"00后"的生活中，线上社交占据较多的时间，这也是他们打发闲暇时光的主要方式。同时这也就代表着，"00后"的线上闲暇时间，是品牌触达这个消费群体的最佳时间。由于在线上社交的市场占比更高，所以"00后"更喜欢有互动，能够与自身结合的品牌。若将"00后"群体的特征作为品牌出发点，围绕"00后"的现实需求开展营销互动，也许能够锁定这一群体，吸引他们的目光，引发他们的消费欲望甚至消费冲动。

2）"宅经济"影响"00后"的消费渠道选取

自新冠肺炎疫情以来，宅经济从消费向学习、工作、生活的延伸，依托人们的需求层次，形成了非常明显的趋势。数据显示，2020年5月，线上购物（包括电商、外卖）已经整体恢复到疫情前水平，优惠比价再次快速崛起，成为增长最快的电商应用（同比增加近2500万元），生鲜电商月活用户同比增长21.9%，快递物流人均使用次数同比增长31%。

"00后"是能宅在家中，享受一个人的"孤独"的。他们看起来是孤独的，却有着丰富的精神世界。他们不再追求金玉其外，而是反观内心是否富足，是否满足了自己的需求。对于大多数都是独生子女的"00后"而言，一个人宅在家里，他们可能不会产生孤独感，不喜被打扰的他们还会过得更轻松。一个人吃饭、一个人刷淘宝、一个人看剧、一个人打游戏，都是他们的生活常态，所以能够便利独居所需的产品或许更能打动他们。一人份的商品，是他们会产生需求的商品，也更契合"00后"对于个性、精致、仪式感的追求。

宅经济伴随着互联网、快递的发展而出现，这是一种基于发达的互联网和现代化物流所形成的新兴经济趋势，作为在互联网下成长的一代，"00后"是宅经济当仁不让的"主力军"。无论是吃喝玩乐，或是生活服务、运动，甚至学习中也充斥着宅经济。"00后"的钱不再是装在口袋或者钱包里，而是在银行卡或第三方支付平台中。比起线下购物，网购才是"00后"消费的主要形式，超快的配送速度能够满足"00后"现买现用的需求。他们享受着"网上冲浪"，自由遨游在属于自己的精神家园。

超前消费也是伴随着"宅经济"而发展的。现在的"00后"大部分还是学生圈层，经济还没有完全独立。刷信用卡越来越成为当下年轻消费者的支付方式之一，"超前消费就是赚到"的观念在"00后"中传递着。

### 3. 社交电商定义了"00后"的购物模式

"00后"的生活环境、行为习惯都在不停地因时而变。当前，"移动"已经成为"00后"消费者最显著的特点之一，不被限制的"00后"热爱行走于不同的地方，乐意体验充满挑战的生活。"移动"不只体现在行为上，他们的思维认知中也无处不透露出这种"移动"精神。便捷且不受时空限制的购物，越来越成为"00后"热衷的购物模式。

"社群文化"也是越来越多的社交电商获得"00后"青睐的理由，"00后"能在社交电商中找到与自己有同样的背景、兴趣爱好，又或者是相同皮肤类型、同样身材条件等的选购参照人，这些参照人为"00后"的购物提供了更多的参考性。相同群体的使用经验分享，能够减少"选择困难"。种种原因都促成了社交电商在"00后"中的火热，并且逐渐定义了"00后"的购物模式。

根据以上的多重分析，我们进行了总结，社交电商或许是通过以下几个特点逐渐定义"00后"的购物模式的。

1）商品选购的轻便性

新媒体的步伐，是轻盈的、轻松的。搭载在新媒体中的社交电商，在薄薄的手机中，就能够将大千世界呈现给用户。"00后"消费购物的脚步不再被距离所限制，也不必再提着沉重的购物袋"负重前行"，在家里、在宿舍就可以轻松选购商品。甚至，远在祖国东部，也可以选购到来自新疆、内蒙古等地的商品，只需轻点屏幕，商品不日便送到家中。想吃天津的麻花，只需要打开淘宝找到一家天津的传统糕点店下单即可；想买一件手工制作的苏州旗袍，也不再需要托人线下购买，网络上的款式花色也许比线下商店中更为丰富。

对于"会偷懒"的"00后"，如此轻松又方便的购物模式就是"投其所好"。此外，在社交电商中，从"种草"（网络流行语，指专门向别人推荐好货以诱惑人购买的行为）到"下单"的"一条龙"服务为"00后"提供了便利的选购渠道，不用切换多个软件，既节约时间又很方便。

### 2）商品信息的传播性

"人人都可成为传播者"的时代已经到来，"不出家门便知天下事"已经成为一种生活常态，即使是当代圣贤也无法做到"两耳不闻天下事"，新媒体中的热门话题传播总是迅如电、响若雷。最新的流行趋势，打开社交电商主页就有实时推送。每日早晨醒来，叫醒你的不再是美味的早餐，而是新的"剁手警告"。

社交媒体还有独特的魅力——双向传播。社交媒体传播过程中的互动性非常强，受众群体很容易就转化为传播群体。在传播的过程中，品牌的商业行为、商业策略便可搭乘在内，实现消费群体内部的自发传播，品牌价值也在这一过程中因裂变而产生质变。

在传播的过程中，极易产生消费群体内部的KOL。KOL的"种草"以及"拔草"越来越成为"00后"选购的参考。在不同的社交媒体中，KOL遍布在不同的领域内。KOL中又分为不同的级别，或许坐拥1000万名粉丝的博主会是各类拥有100万名粉丝博主的KOL。

### 3）传播形式的多元化

相较于传统电商，社交电商表现出多元化的特点，在社交电商中可以传播的输出内容种类繁多，单一的渠道中也有丰富的展示方法。同样，"00后"从KOL中获取商品消息的方式也越来越多，直播、短视频、Vlog或简单的博主推荐帖，都能轻易地让一件商品以KOL为中心，快速扩散形成蜘蛛网状的信息发展趋势。例如，短视频既有剧情、搞笑、测评等多种形式，让"00后"在娱乐轻松的氛围内快乐"种草",迅速加入购物车下单。

但是,社交电商传播内容的丰富在扩展"00后"购物模式的同时,也在为品牌增加宣传难度,要在茫茫的内容汪洋中脱颖而出,越来越成为一件不容易的事。

#### 4)传播内容的全面化

在社交电商平台中,只有你想不到,没有你找不到的"安利"。大到教你买车买房,小到小学数学学习方法。题材多到令人瞠目,除美妆、育儿、教育等常规内容外,还有医疗健康类、家庭关系经营类等内容,种类繁多。受众年龄上到六七十岁,下到六七岁,"我们什么都有"的理念贯穿在社交电商中。相比传统电商,社交电商发展过程中遇到的限制更少,目前各个领域都可以通过社交电商进行品牌塑造,实现商业引流。

社交电商虽好,但要在社交电商中赢取"00后"的心,还需要花费精力用心经营。"00后"虽然年轻,却是对现代网络技术以及互联网最了解的消费群体,在社交消费过程中,他们会思考性价比,会观察选购参照者的反馈,会关注品牌的态度、性格,之后才根据自己的好感度激发消费欲望。如果品牌过于表现产品的价值用途,而忽略品牌的个性以及内涵,就有可能在"00后"眼中好感度降低,转化效果从而会变得非常有限。

## 第二节 中国企业品牌年轻化趋势与实践

### 一、品牌老化症

品牌老化(brand aging)是指由于内部或外部的原因,使得品牌的知名度、美誉度降低,销售量、市场占有率等逐渐缩小,导致品牌受到冷落的情况。如今的社会变化万千,消费者的消费水平、消费渠道和消费观念都在发生着改变,替代产品层出不穷,这就容易让品牌处于"老化"以至于"被社会淘汰"的困境。

因此，如何克服品牌老化，如何让品牌打入年轻市场以及让品牌更具年轻化也成为目前营销界广泛议论的话题。

**1. 品牌老化迹象**

任何品牌的发展都存在着周期，处于衰退期的品牌不一定就是老品牌，新品牌同样有"品牌老化"的可能。品牌出现老化现象时会有哪些迹象呢？业界人士总结出四条简单的标准。

1）消费群体的年龄不符合产品定位

每个品牌都有其特有的主流消费年龄段，每个年龄段都有其特有的消费水准和消费习惯。品牌在发展的过程中，其最初的忠实消费群体的年龄也在逐渐变大，他们的消费观念也在发生着变化。此时，如果品牌没有及时做出改变，那么它的核心消费群体的年龄便会逐渐不符合其产品定位，这样势必会造成消费者的流失，也会使消费者对品牌的忠诚度降低，也就造成了品牌老化的现象。

2）销售过度依赖于营销

产品或品牌的营销目的是提升品牌的影响力、增大曝光度并提升品牌的忠诚度。营销在一定程度上能够吸引消费者的购买，但如果产品的销售过度依赖营销，也就是产品通过频繁的降价、打折等手段销售，那么消费者心目中原有的品牌形象和品牌价值便会大打折扣。同时，过度依赖营销的销售也说明品牌的目标消费人群流失或其竞争优势不再，这也是品牌老化的一种表现与迹象。

3）与消费者的连接不够紧密，不能形成品牌忠诚度

一个活跃的品牌与其消费者的互动和交流是十分紧密的，因为品牌的发展需要聆听来自消费者的意见和建议，这样才能让品牌与时代接轨并保持品牌的活力。同时，适时地与消费者进行交流与沟通也能提高品牌的用户黏度，提升消费者对品牌的忠诚度。消费者对品牌的忠诚度反映着品牌在市场上的竞争力，如果消费者对特定的品牌能够形成较高的忠诚度，那么该品牌在市场中的竞争压力就会相对较小，其在市场中也就可以更稳健地发展，更有效地规避品牌老化的风险。

**4）企业团队的核心领导层年龄偏大，无新鲜血液的注入**

现如今市场中的主流消费者为 Y 世代（1981—1996 年出生）和 Z 世代（1997—2012 年出生）的人群，上述年龄段的人年轻且充满活力，对这个飞速发展的世界有着独特的看法和见解，使得他们的消费喜好和消费标准也与其他年龄层的人有所不同。若想抓住该年龄层的消费者群体，就必须对他们的消费心理有足够的了解，也就要求企业团队的核心领导层有足够多的年轻人存在，这样才能对年轻消费者群体的消费水平和消费习惯进行充分了解，使品牌在营销的过程中"对症下药"。

### 2. 品牌老化的成因与预警

如今社会的发展突飞猛进，新产品进入市场的同时也说明正有一些品牌被淘汰，这就要求企业对品牌老化的问题加以重视。品牌若想避免品牌老化的风险，以下问题是品牌管理者需要警惕的。

**1）品牌定位模糊**

品牌老化的一个重要原因是品牌定位模糊。定位成功，可以使企业品牌的竞争力大大提高；反之，会使品牌在消费者心目中的形象更加模糊，使企业品牌失去市场。企业要想避免品牌老化，就必须将定位把握好。品牌定位是品牌成功的第一道门槛，它关乎着品牌的价值、品牌的消费群体，甚至决定着能否深入人心的关系。时尚观念不断变化、消费群体日新月异，品牌定位也要及时制定应对措施，防止出现定位的模糊。

**2）缺乏鲜明的品牌形象**

品牌形象是反映客体所产生的一种心理图式，是消费者进行购买时一个重要的影响因素。品牌形象一旦形成，品牌就会鲜活地呈现在人们眼前，消费者才会在众多的信息之中，时刻感受到品牌的存在。若没有确定的品牌形象，消费者心目中对于品牌的概念就会弱化，也不能形成很好的品牌忠诚度。

**3）单一产品策略导致的品牌老化**

产品都有生命周期，如果采用单一产品策略，产品老化就会很容易导致品牌老化。如今，人们的消费心理和消费习惯在发生着巨大的改变，这时品牌就应该针对消费者新的需求以及品牌的定位更改策略。若仅使用单一的品牌策略，消费者可能会对产品产生厌烦，也会造成用户的流失。

**4）广告宣传不及时会加速品牌老化**

品牌广告的终止意味着其在市场上不复存在，失去了主导地位。有效的广告策划是确立品牌形象的重要武器，要不断地更新广告创意，使企业的广告创意与企业的品牌定位和品牌形象保持高度一致，否则就会很容易导致品牌老化。

## 二、企业品牌年轻化三问

要避免品牌老化，就要让品牌变得更有活力，更能吸引年轻用户，也就是我们常提到的"品牌年轻化"。如何让品牌更具年轻化呢？对此，我们提出以下三个问题。

### 1. 何为品牌年轻化

如今，有些观点认为品牌年轻化就是品牌的年轻人化，这个观点不完全准确。品牌年轻化的核心是与消费者分享自己的追求，这是一种持之以恒的行动，也就是说，品牌年轻化的目标是实现品牌活化，不断地与消费者交流沟通，凸显品牌的创新力、领导力、内容力、互动力。

品牌年轻化不是给品牌"化妆"甚至"整容"，而是基于自身的"DNA"进行品牌资产的重组和品牌价值再造，让消费者体验到改变，由此增强品牌和企业的市场活力。品牌年轻化的过程其实是企业的一场营销变革，这场变革有以下三个特征。

**1）客户变用户：成交之后持续的生活消费维护**

互联网时代强调的是用户，而非客户。企业的价值来源有两部分：第一部分是创造价值，第二部分是传递价值。如果企业只有和客户的交易，那么双方交易结束就没有关系了。而在物联网时代，客户交易的价值，要变成用户交互的价值。

**2）渠道变平台：传播/体验/购买/分享/促销/互动**

如今的渠道不仅是销售商品的路径，还是品牌传播的平台，通过平台品牌可以与消费者互动沟通，以此来留存消费者。

**3）传播变游戏：没有乐趣，就没有参与**

随着商品和信息的爆炸式增长，人们可接收的信息越来越多，能够被吸引的却越来越少。因此，传播的内容要有趣，才能吸引受众参与，从而保持品牌活力。

### 2. 品牌为何年轻化

品牌，从某种意义上来讲是产品的一种工具，它的目的是使消费者在同品类的众多品牌中选择自己。随着时代的推进，品牌的支撑点有所变化。从前的品牌，是把自己与其他产品区分开来；现在的品牌，是要让消费者"一见钟情"，形成情感认同。造成这种变化的原因主要有以下两点。

**1）消费路径的缩短重构**

随着互联网的高速发展，网络购物已成为常态，突如其来的新冠肺炎疫情催生了直播带货。这种变化直接造成了消费的链路缩短，消费者消费时所花费的心力也大大降低。

从前的消费路径是：产生需求→零售店搜索→购买，这是一个漫长的过程，毕竟线下店不能随时随地去逛。所以，品牌从前需要做的要么是做到品类第一，让消费者快速选择自己；要么是差异化，让消费者记住自己。现在的消费路径短平快，想买什么几分钟就能决定。因为时间有限，所以鲜活的因素会对消费者的购买产生重要影响。

如今，品牌成功的关键：在任意一个触点的短暂接触让消费者马上心动。

**2）消费目的变成了为自己消费**

生活水平直线上升的今天，人们的消费动机不仅为了实实在在的功能满足，更多的是为了取悦自己，消费者的消费需求逐渐从生理需求进阶成为自我认同的需求。通俗地讲，就是为了自己消费，为了自己开心。

时代在不断变化，品牌如果只是囿于现状，只会离消费者越来越远，也必定不能延续品牌之路。因此，品牌年轻化是品牌的必选之路。

### 3. 品牌何时年轻化

随着科学技术的发展，日新月异的新渠道、新营销、新传播令人目不暇接，社会消费观念升级和消费模式迅速迭代，市场生态的快速演进必然会对品牌的生命周期产生影响。

企业普遍面临的问题有：

（1）消费者的行为正在改变，行业格局正在因此改变。

（2）企业在线上创建了新的消费品牌，但不知道怎么摆脱竞争者。

（3）新客户增加缓慢，老客户流失加速。

（4）营销效率低，不促销，不动销。

（5）产品诉求的价值难以对接消费者的痛点。

（6）跟随型的产品越来越多，同质化情况加剧。

除了简单的外在指征，经营者也会存在市场盲区：

（1）不清楚目标受众当下的关注。

（2）不掌握目标受众的在线购买理由。

（3）不知道目标受众的品类搜索关键词。

（4）不了解竞争对手正在为目标受众做什么。

（5）不确定目标受众的态度是否已经变化。

（6）没有给目标受众提供强大的在线价值主张。

如果出现以上问题，就是企业需要快速进行品牌年轻化工程的时机。当然不是随机推出一些"头痛医头，脚痛医脚"的方法临时应对品牌老化问题，而是应该从战略层面将此视为一项系统性管理工程，举全企业之力积极面对，以尽早实现并保持品牌年轻化。

## 三、中国企业开启品牌年轻化实践

品牌年轻化是每个企业都绕不开的选择，品牌年轻与否决定着企业的竞争力。如今，在全球品牌年轻化变革的浪潮下，中国企业也不甘示弱、奋起直追，开启了品牌年轻化的实践。

### 1. 中国品牌年轻化改革的实践之路

随着中国年轻一代消费力量的崛起，品牌年轻化改革的需求也越来越迫切。怎样做好改革？部分本土品牌在一定程度上为我们指明了方向。

1）李宁

说到中国品牌年轻化的改革，就不得不提到李宁。作为中国处于领先地位的本土运动品牌，李宁的品牌形象早已深入人心，成为人们心目中国货产业的"龙头老大"。然而，李宁从一个普通的运动品牌成长为如今炙手可热的潮牌，其中经历了不少的起伏与变革。

2017年，李宁首次在微信公众号中提出"中国李宁"，随后印有"中国李宁"字样的文化衫开始出现在大众的视野中，其服装设计也更加青睐复古元素，并首次亮相纽约时装周。这次转变，使得李宁以全新的形象重新出现在市场上，并获得更多的流量与曝光。这次变革的成功，除了在设计上下足了功夫，更重要的是乘上了"国潮"这股新兴之风。

如今的年轻人对中国传统文化更加自信，也更偏爱有国风元素的产品。李宁由于本身是国货品牌且有"中国""冠军"等基因根植其中，这样的特质刚好和国潮相匹配，也就使得其更受年轻消费群体的欢迎。

在抓住了"国潮"这股红利之后，李宁更加注重品牌营销，在各种社交媒体上活跃的同时进行产品的限量销售以及IP联名，玩转当下热门的品牌策略。不断地在时装周亮相也使其品牌形象更加高端。

这样的举措给李宁带来了一波又一波的消费热潮，无疑也成为李宁迄今为止最为成功的一次改革。品牌年轻化不能只是口头上或是表面上的"年轻"，而是要深入青年群体，了解其喜好、习惯以及消费偏好，从产品入手，调整品牌理念和营销策略，从而进行更好的变革。

2）回力

回力鞋业创建于1927年，距今已有近百年的历史，这样的老牌国货必然躲不过品牌老化的危机。回力在中华人民共和国成立初期火遍了大江南北，但是在改革开放后，其他运动品牌开始兴起，人们渐渐知道了"潮流"为何物，也给回力打上了"土"的标签。

为了挽救品牌，回力提出"经典、时尚、专业"的品牌内涵，确定以"时尚运动、健康运动、专业运动"为发展方向。同样的，回力也注意到"国潮"这股热浪，并抓住机会对原型鞋进行重新设计，推出符合年轻人审美的、具有复古元素的"新胶鞋"。同时，回力在营销方式上也做出许多改变，如走出国门，在欧洲进行营销，让欧洲的年轻人迷恋上回力鞋；在影视剧中进行品牌植入，增加产品的曝光度；与其他 IP 联名，吸引年轻消费者的眼球。

回力这一系列从产品到营销方式的改革升级，说明老品牌的年轻化，应该以年轻人的需求为切入点，要对年轻消费者的消费偏好进行精准把控，这样才能引领品牌的年轻化之路。

3）大白兔

对于无数人来说，大白兔奶糖代表着"童年"，而如今这个童年的回忆通过产品创新以及跨界联名已成为"网红品牌"，在年轻群体中深受欢迎。

大白兔奶糖曾经因为口味单一无法满足市场需求而一度进入品牌发展的停滞期，但是通过对产品的不断创新，推出酸奶味、巧克力味、抹茶味和冰淇淋味等新口味，使得消费者拥有更多的消费选择，深受大众好评。

不仅如此，大白兔奶糖还进行了许多跨界联名。与太平洋咖啡联名推出新款饮品，让品牌本身的形象更加多变；和美加净联手推出奶糖味润唇膏，让大众重新泛起对"国货老字号"的回忆；与气味图书馆进行跨界合作，推出香水、身体乳、护手霜等一系列香氛产品，让品牌形象更加向年轻群体靠拢；与太平鸟进行新款服饰创作，使得人们对品牌的印象更为活泼可爱……

由此可以看出，"新"是品牌年轻化追求的关键。然而这个"新"不能只停留在营销层面，而是要在新时代的消费背景下，采用更加娱乐化、人性化的营销方式和更加符合年轻人兴趣的产品进行创新和突破。

**2. 中国企业与目标市场主流消费群体的沟通交流**

品牌年轻化变革不只是产品或营销的变革，更重要的是能够与目标消费群体建立起良好的沟通渠道，以此更好地了解当代青年人的消费观念和消费习惯。近年来，中国企业与目标市场主流消费群体进行沟通交流并展开的一系列活动便很值得参考。

### 1）学院奖搭建平台

面对消费者代际显著更迭的趋势，品牌年轻化成为当前市场上最为急迫需要解决的问题。在此背景下，无论大型集团、老牌企业，还是中小企业、初创企业，都在追求品牌年轻化，其中不乏成功案例，但失败的也不在少数。

作为中国广告行业的前瞻性平台，广告人文化集团认为：**企业若想成功应对挑战，实现良性增长，就必须进行品牌创新与再造，实行"品牌年轻化工程"，让中国品牌走向年轻**。广告人文化集团早在2017年就提出"品牌年轻化"主张，并在2018年发起"品牌年轻化工程"，于2019年升级原有广告人商盟峰会为"Y2Y品牌年轻节"，全方位地为中国企业的品牌年轻化事业提供智慧，搭建平台、整合资源、做好服务。

中国大学生广告艺术节学院奖动员全国有广告及相关专业的高校的学生，为中国企业提供命题创意。该赛事为中国企业与目标市场主流消费群体的沟通交流提供了一个非常便捷的渠道，已在全国各高等院校中深入人心，其影响已经从高校延伸至广告行业，成为行业遴选人才和企业获取优秀创意的重要途径。中国企业更是通过此平台实现了与目前市场上主流的年轻消费群体的深度互动。

### 2）中国企业的实践

如今，众多中国企业与学院奖合作，走进年轻人，努力实现品牌年轻化，而学院奖也携手众品牌"圈粉"Z世代。众多中国知名品牌的企业代表为大学生群体进行创意分享与互动，共同见证青春的价值和创意的力量。

"青年一代照耀中国"是快克药业与学院奖、广告人文化集团共同承办的大型青年公益行动。快克作为一家具有奋斗精神的药品品牌，以帮助国家培养有理想、有奋斗精神的青年为己任，致力于推动新时代下校企合作的新模式。在与大学生广告艺术节学院奖合作的基础上，快克药业独创快克新青年独立IP，以一己之力将中华民族世代传承的精神在青年群体中传播，承担起中国企业的社会责任和历史重担。快克药业王志昊总经理曾说，青年一直以来都是一股不可小觑的力量，对于品牌来说，应当为青年提供平台来讲述他们的奋斗故事和生活。由此可见，对青年力量的把握是品牌进行年轻化变革的重要一环。对此，恒安集团七度空间品牌也与学院奖有着十几年的合作，通过学院奖的平台与校园的年轻女性保持着深度、密切的沟通与交流，也获得了大量宝贵的青年创意元素，在品牌年轻化的道路上越走越远。总经理席文婷女士认为，恒安集团和学院奖的目标群体是一致的，随着时代的变化，年轻人的创意方式，对生活方式和品牌的理解都在迭代创新，七度空间希望每年通过跟学院奖的合作，汲取大学生对于品牌、创意的新认识，特别是对国潮理念的持续输出，让年轻人对七度空间有了全新的认识。七度空间通过这种方式，呼吁年轻人关注国潮，加深对民族品牌的喜爱。

学院奖的举办在社会中形成了良好的反响和深远的影响，很多命题企业都对学生的创意作品欣赏有加，专家们也一致认为学院奖不但是一个颇具权威的奖项，更是一次成功的活动营销，还是高校教育与实践结合的典范。这也是品牌实现年轻化的一个绝佳途径。

## 第三节 国民日化企业品牌创意演变

### 一、国民日化品牌创意发展历程

改革开放为华夏大地带来市场经济发展，为民族品牌崛起带来机遇与挑战。国民日化品牌经历了从模仿策略到整合思维的路径，并走上数字化转型的道路。在时代巨变中谋求出路，在实践中探寻发展方向，在网络、媒介变革中创新演变，国民日化品牌创意发展历程洗尽铅华，在中国民族品牌发展史上留下了浓墨重彩的一笔。

**1. 模仿打法下的品牌创意（1979—1989年）**

改革开放以后，外资企业进入潜力巨大的中国市场。以市场研究为基础，外企通过品牌规划进行广告创意营销和媒介投放的方式给予中国企业和消费者巨大的震撼。中国企业的市场意识和竞争意识被激发，逐步朝向品牌意识的方向发展。

自1979年起,华夏大地上出现的报纸广告——《天津日报》"蓝天牌牙膏"(图1-1)和电视广告——上海电视台"参桂酒"(图1-2),再次为市场注入了活力,为品牌发展打开了渠道。

图1-1
《天津日报》"蓝天牌牙膏"

图1-2
上海电视台"参桂酒"

20世纪80年代,"品牌"概念首次出现在《中国广告》杂志中。随着广告业的复苏和媒介品种的多样化发展,品牌创意也如雨后春笋般涌现。在创意呈现上,广告观念正从"兜售商品、欺骗客户的行径"向"传播经济信息的手段"转变。80年代初期的广告创意较少触及人文与情感话题,大多以品牌的直接诉求为主线展开,体现为叫卖式创意并通过电视渠道进行产品广告投放。辨识度极强的"大宝明天见,大宝天天见""活力28,沙市日化"等国产日化品牌广告词搭配耳熟能详的插曲成为80年代的流行语,更是一代人脱口而出的集体记忆,带动了产品销售,为品牌增添了市场竞争力。

瑞士雷达表运用"第一品牌"理念在潜力巨大的中国市场上打响了品牌知名度，并于1979年通过上海电视台进行了产品广告投放，成为中国市场上第一个进行广告营销的外国品牌。构建差异化、争做市场第一人的营销方略为本土日化企业提供了发展思路。知名国货品牌郁美净首次提出牛奶护肤的理念，研发出高质量的牛奶护肤霜系列产品，建立了庞大的消费群体，迅速打开了市场销路。

除此之外，霞飞出品的特效增白粉蜜开创了中国化妆品以功能型为主导的行业先河，并邀请某知名女星拍摄产品广告为产品造势，在美的追求上与消费者产生共鸣，产品创新与广告加持成功地将女性受众培育成具有忠诚度的消费群体。

1989年，上海家化推出了中国首支护手产品——美加净护手霜。对于养护类产品的首次细分引领了消费者新的养护习惯，也开启了长达30年的"护手"风潮。随着生活品质、护理需求的不断提高，美加净也逐步加码精细化、全面化的手霜产品线，并不断研发出能适应多种场景需求的产品。

纵观中国改革开放的激荡历程，20世纪80年代可谓是"中国日化业的荣光年代"。本土企业在外资企业的冲击下提高了危机意识，通过销售、模仿等方式建构初级的品牌形象，并开始尝试创新研制产品以提高自身竞争实力，为不断的升级蜕变打下根基。

**2. 低价策略下的品牌创意（1990—2000年）**

20世纪90年代，外资企业大举进入中国市场。在这一时期，国内日化市场被以宝洁、联合利华为代表的外资巨头垄断，本土日化品牌在夹缝中生存。许多品牌在冲击之下难逃被蚕食、消逝的命运，为了稳固消费群体实现利润流通，本土日化品牌采取低价策略，打开销路。在低价策略中，广告宣传是至关重要的一环，通过电视渠道和户外渠道的投放加大产品宣传力度，在提高曝光率后，用低价高质的商品刺激消费者的购买欲望。

跨国日化公司采取加速并购的举措，在占据国内高端市场后迅速向中低端品牌发起冲击。随着日化市场下沉，国货品牌为寻求出路纷纷瞄准外资日化品牌营销力量相对薄弱、竞争力较小的农村市场，推行低价策略。加上中国消费大众的购买力尚未达到品牌消费层次的现状，低端市场形成巨大的势能，这无疑是打破被垄断局面的一个契机。相对低价的国货顺势成为人们改善生活质量、提高生活水平的首选，国货发展也迎来新时期。

低价策略的后遗症是"崇洋"心理，在品牌意识建构、品牌地位巩固上价格战并不能提供长久的良性支撑，昙花一现的成功折射出的是"国货等同于低品质"的刻板印象。伴随着中国市场经济的高速发展以及日化业日渐规范，本土日化品牌开始走上核心较量的新征程。

### 3. 整合营销下的品牌创意（2000—2009年）

品牌若想获得长足发展不能仅依靠单一模式，更需要以与企业营销理念相结合的多渠道、多样化整合营销思维为导向。

2001年，随着中国加入WTO，本土企业家们意识到国际竞争的必要性与紧迫性。如何提高品牌创新能力进行市场竞争成为思考命题。20世纪90年代初，电视广告红极一时，成为日化品牌常用的营销方式。例如，广州好迪选定第一品牌代言人，通过电视渠道进行产品广告投放，"大家好，才是真的好"的广告语起到"洗脑"作用，不仅使消费者形成连带性长期记忆，对于品牌知名度、产品销售都起到推动作用。

除此之外，隆力奇在电视广告的运用上也可圈可点（图1-3）。2003年，隆力奇不再满足于地方广告的投放，而将视角对准了央视广告黄金段位，第一次参与竞标并以1.4亿元拿走了全年六个单元的黄金广告时段，成为本土日化

图1-3
隆力奇广告

品牌的"标王"。借助央视黄金时段的加持，隆力奇品牌的信誉度得以加强，市场根基也得以巩固。

隆力奇还采用了电视与户外广告的双向结合。2014年，隆力奇在上海、南京等城市火车站投放花露水的LED屏广告，通过大屏滚动多频次的播放进行受众视觉聚焦。随着网络广告的兴起，隆力奇转战网络媒体，在百度搜索引擎、人民网开设广告专栏，对花露水系列产品进行海报展示，并附上链接，有助于消费者进行线上购买。从单一投放电视广告到户外、社交平台、网络平台等渠道的联合使用，不仅是技术变革下营销方式的创新之举，更为企业带来复合型价值增长。

综合渠道投放与低价策略曾是市场竞争的主要范式，广告、低价、高质的组合为日化业带来了内卷化的停滞不前及资金挤压下所引发的运营压力增大、市场活力衰退、外资企业下沉施压等问题。低价策略不出意外地以失败告终，它所带来的营销反思却是行业发展的宝贵经验：价格战并非良性竞争手段，增加了内耗且与创新、优质、满足消费者需求为导向的品牌输出相斥。

2008年，在价格战中耗损过大的隆力奇转战商铺直销。由化妆品专营店或连锁门店组成销售系统的CS（customer satisfaction，顾客满意）渠道为消费者提供了一站式消费服务。渠道特质为本土日化品牌提供了发展新思路。习惯于高利润空间投放渠道的外资企业，并不习惯CS渠道中产品折扣高、利润空间薄等特性。所以，这种经营模式留给本土产品较大的发展空间。2001年创立的自然堂曾经连续十几年蝉联CS渠道产品冠军。伴随着消费者美肤需求的提高以及化妆护肤步骤的增多，自然堂根据不同肤质，研发针对性产品并扩充美妆产品，满足全方位的消费需求。抓住了"悦己"共性，推出"我本来就很美"系列短片和平面广告（图1-4），通过取悦自己的角度与新时代女性产生共鸣，为产品销售找寻到价值出口，通过影视剧进行产品植入，进行电视广告的创新投放。

对价格战具有清醒认知的蓝月亮在这个阶段提出了以消费者需求为导向、以技术创新产品的营销策略。2011年，蓝月亮推出机洗产品，通过背书式营销引导消费者改变用量要大、泡沫要多的洗衣习惯。过硬的产品质量使得消费者在首次尝试后就能获得真实的心理满足。此举不仅使蓝月亮打破发展僵局，创造出洗涤业的新风口，还为行业发展带来多维运用、全方整合的启发。在广告营销战略上，蓝月亮与湖南卫视中秋节晚会联动的广告植入与赞助卓有成效，通过关键道具、开场歌曲、赠送观众礼品等方式植入蓝月亮生物科技洗衣液的产品特性，无形之中拉近了产品与消费者的距离。

图 1-4
自然堂平面广告

从品牌萌芽至品牌繁荣，中国日化业在艰难曲折的道路上不断前进。本土日化品牌的成功方式虽各有千秋但共性却是以消费者需求为导向、以高质出品为基、以多渠道运营的营销思维作为指引。

### 4. 技术变革下的品牌创意（2010年至今）

随着互联网的快速发展，中国传统企业有了更多创新发展的机会，蜕变的核心上升至营销价值。技术变革之下，中国民族日化品牌开启了拥抱数字、拥抱科技的新征程。市场竞争阵地从传统的产品价格转移至以品牌价值为核心的较量。为了打造出具有世界影响力的自主品牌，中国日化落实"走出去"政策，技术赋能成为关键的一环。

媒体技术发展至数字媒体阶段，逐渐呈现出数字化、一体化、网络化趋势。数字化时代下的上海家化，通过用户画像发掘了男士市场，所研发的高夫系列产品在淘宝旗舰店中拥有两百余万名粉丝群体。强大的用户群背后是上海家化品牌发展中数字赋能的成果。在淘宝旗舰店中通过直播为消费者创造应用场景进行饥饿营销以及折扣营销，直观的参与以及互动式的讲解将CS渠道中真人销售的深度体验移至线上，最大化地为消费者提供符合新型消费习惯和全方位服务的购买体验。

近年来，老牌国潮品牌百雀羚通过研发和包装唯美、肤质更贴合年轻用户的三生花系列产品（图 1-5），拉近了与年轻购买主力军的距离。

图 1-5
百雀羚三生花系列产品广告

百雀羚在内容营销上不断创新，结合产品理念抓住了新媒体时代下碎片化阅读的习惯，并通过细节化的故事推进、引出产品宣传。一镜到底的长广告《一九三一》（图 1-6）在社交媒体上收获 3000 万次的传播，使得百雀羚在国货逆袭之路上旗开得胜。

图 1-6
百雀羚《一九三一》广告

接踵而来的童年怀旧微电影《韩梅梅快跑》、生活类广告《俗话说得好》等作品都紧扣时事热点以及特殊时间节点，通过故事叙述反映出百雀羚抓取年轻群体的目标和对年轻消费者生活态度的敏锐把握。产品的升级与革新，搭配融合性呈现方式，让百雀羚摆脱老龄化的标签，在大众心中树起年轻化的品牌形象，为打开年轻人的市场起到了助力。

互联网改变了人们获取信息的渠道，随之而来的是根据偏好选择的融合性渠道。新媒体的出现对于传统媒体形成强大的冲击，也促使新旧媒体融合的全新生态出现。社交媒体的兴起对于品牌而言，提供了拉近与用户距离的新方式。在变革中，中国本土日化品牌要加速完成数字化转型、运用科技实现从制造到智造，并以消费者为中心对用户群体进行换位式精准细分，才能不断提升核心力量，获得长足发展。

2019 年，在全新的赛道上，立白与阿里巴巴集团正式签署 A100 战略合作备忘录，目的在于借用阿里巴巴数字运营能力帮助企业精准营销，最终实现数字化转型。精准营销策略在立白焕新中不仅运用于内部产业链精准细分，更多地运用于数据研究。立白与天猫新品创新中心合作的洗衣凝珠在天猫"双 11"中的单品销售额为所在品类的第一名。

成为爆款的背后是对于洗涤业风向的新的抓取。运用数字技术精准收集与分析用户数据能有效获取消费者的真实建议，并通过场景化营销，根据不同的适用人群与场合进行产品分类才能提高研发成功率。与此同时，纳爱斯与京东达成全年战略合作共识，为企业发展注入互联网思维。通过打造"互联网＋健康"产品为方向进行品牌升级，成为 2019 年衣物家清类目第一家签订战略合作协议的企业。

在技术变革历程中，中国本土日化品牌从采用单一的线下渠道、电视广告等方式到向社区、社交、电商、网红等新渠道迈进。时代赋予使命，使命带来改革，不忘的是以消费者为中心不断深化发展的初心。

## 二、榄菊四十年品牌布局与创意策略

40 年的岁月长河里，榄菊从名不见经传到行业标杆，立于不败之地的背后是与时代共舞，不断创新攀岩，更是不忘初心落于实处。从改革开放到 21 世纪，榄菊在时代变迁中坚持做好产品，用心满足用户需求。随着社会发展、用户群体需求革新以及新渠道的出现，榄菊走上多渠道发展、科技赋能的国际化道路，一步一个脚印，用实力成为行业"常青树"，为中国本土日化业的发展贡献了力量。面对迅猛发展的社会、日新月异的市场，与"千禧一代"消费主力拉近距离、为品牌发展注入年轻血液已然成为榄菊未来发展的新方向。

### 1. 产品出击打开市场

1982年，第一代电热蚊香面世。它的出现对于还在使用传统绿蚊香驱蚊的国内市场起到了革命性的变革，不仅填补了国内市场空白，也开启了至今40年榄菊品牌发展的征程。炭粉黑蚊香的创新开拓了市场，差异化发展收获的是消费者的热捧，为企业发展打下了坚实的根基。

变革性产品带来了"开门红"，而想彻底打开市场则需要从产品研发、企业转型、战略部署上下足功夫。1999年，榄菊顺应股份制改革转型为民营企业，走上专业日化道路。市场竞争意识的提高是转型带来的一大改变，而以消费者需求为导向进行的多类高质量产品研发以及产业拓展是抵挡同质化竞争、扩大市场份额的关键。

在产品性能研发上，榄菊采取溯源战略：一方面，通过收购不同地区的蚊虫进行老产品升级、新产品研发的针对性药效试验，并且针对不同的需求进行药方调制；另一方面，传统蚊香产品在消费者印象中是没有技术含量的小作坊产品，只有对产品的改良创新才能有效引导消费者的认知转变。为了提高产品检测能力，榄菊建立技术研发中心，逐渐拥有了电热蚊香片、蚊香液等产品的自主研发技术，同时也使产品朝着更为有效、安全和环保的方向发展。在保证产品杀虫的基本功效外，产品升级为香味、无毒，并且被赋予保健功效。产品质量随即不断巩固提升并且引导消费者逐渐消除了对杀虫类产品的认识误区。

至今，蚊香、电热蚊香液等驱蚊产品仍是榄菊的"先锋军"。榄菊通过电视广告营销为产品拓宽销路，将蚊香产品广告投放于央视。榄菊黑蚊香广告土著篇一经推出便引发轰动，以非洲土著仪式进行的反转剧情式创意，通过幽默风趣的呈现使广告语家喻户晓。经典的产品广告在央视高峰时段进行集中投放更能网罗目标受众、树立品牌形象，让品牌传播事半功倍。

随着生活质量的不断攀升，消费者需求呈现多样性与分散性的特点。产品延伸的必要性迫在眉睫，榄菊的品类从驱蚊产品扩张至杀蟑杀蝇、灭鼠除螨、消毒除菌等品类的细分。2005年，野菊花不伤手洗洁精的诞生标志着榄菊正式进军洗涤行业；在新品广告包租婆篇中，通过重现电影《功夫》中的经典场景与对白，用幽默轻松、标新立异的广告风格紧紧扣住易漂易清洗的产品特性进行宣传。电视渠道的投放，使受众在重温经典的同时形成新奇的连带效应。

榄菊蚊香与洗洁精广告至今被无数"90后"称之为童年经典，广告的成功带来了产品销售额的猛进、品牌知名度的提高。榄菊深度挖掘消费者需求变化，不断开发高质产品，拓展新渠道，获得较高的品牌忠诚度，口碑更是不断提升。

### 2. 多元布局稳定市场

随着社会经济上升发展以及信息技术的飞速变革，消费环境呈现出重构之势。成功打开市场的榄菊想要稳定市场，需要经受住互联网等新媒体冲击所带来的新赛道考验。通过多元化的布局研发质量过硬的产品，精准细分消费需求是榄菊拥抱变化的奥秘。

市场消费升级后，消费者也从注重清洁到开始逐步关注健康、环保，"90后""00后"成为新的消费引擎。榄菊针对不同的用户进行用户画像，根据不同的场景进行产品定制化销售。为了消除消费恐惧，榄菊研发出物理驱蚊产品、天然植物驱蚊产品。还有在驱蚊产品中添加玻尿酸成分，研发出面向年轻女士的专属驱蚊液，不仅满足了消费者的健康需求，而且也拉拢了年轻的消费主力军，为产品增添了年轻色彩。

通过洞察消费市场，榄菊推出针对儿童驱蚊防虫的系列产品儿宝健（图1-7），对消费痛点进行精准把握。产品的细分升级也需要借助多渠道创意投放，由品牌代言人某明星夫妇主演的儿保健驱蚊液电视广告加入穿越、武侠等元素，标新立异，营造出的家庭温馨感与"宝宝安睡，妈妈放心"的产品调性形成呼应，直观地传达出用户体验至上的销售理念。社交媒体提供了用户网络分享的权利。榄菊的儿宝健广告受到新浪、网易等博主的好评，相关粉丝群体也通过评论区进行互动，产品曝光率倍增。

图 1-7
儿宝健广告

随着互联网经济的繁荣发展，电商销售成为众商家拥抱渠道变化的重要一环。2014 年是榄菊正式将电商纳入新渠道经营的元年。2018 年，榄菊微信官方旗舰店（图 1-8）上线，之后相继与阿里巴巴、拼多多、工行 e 购等电商平台合作，在平台中推出特制榄菊洗洁精电商专供装满足消费者定制需求，迅速提高产品的曝光率并拉动了销售。

图 1-8
榄菊官方旗舰店

随着直播时代的到来，直播成为购物新方式。榄菊携手明星及网红在抖音等直播平台进行直播接力，开展专场直播（图 1-9），从单一的带货升级为品牌价值营销，通过情景化展示对消费者进行科普式营销。互动式的体验以及线上平台的真实反馈建构起多维式种草，也实现了品效合一。榄菊积累的良好口碑提升了品牌的美誉度，也带来了旗舰店销售额的激增。

图 1-9
榄菊专场直播

只有线上线下的交互才能使企业更加均衡发展。除了新渠道的创新运用，榄菊在线下市场的营销手段也在不断创新。为了应对市场恶性竞争、产品替代性强等问题，榄菊提出深度分销模式。通过将企业与分销商的关系转变为同盟关系，建立直接到终端零售店的直销网络，以达到销售渠道快速扩张、把握市场主动权的目的。榄菊在不同的地区、不同的季节进行价格调整，通过产品编码等方式管理市场，最终实现销售最大化、多方共赢的销售创新。

新冠肺炎疫情让更多的消费者认识到了洁净的重要性。榄菊提出全员营销理念，近千名员工投入直播活动中，开展有害生物防制知识科普。在线下，榄菊通过全民消螂日进行走心事件营销与销售布局，开展线下活动。公益科普、趣味互动的主题性训练营有效弥补了线上营销所缺乏的实操性。通过亲身体验，消费者进一步强化对榄菊旗下杀蟑产品的感知与认可，健康需求与猎奇心都得到了满足，并加深了对榄菊护卫健康的企业理念认知。

运用新渠道创下佳绩是榄菊数字化赋能战略成功的标志，多渠道融合是榄菊长足发展的密码。时代变化永不停歇，用初心拥抱变化升级，紧跟时代步伐、紧扣消费引擎，用心制造产品是榄菊在新时代下交出的答卷。

### 3. 上升格局占领市场

行业标杆的树立是由内至外、由点到面的多维建立。护卫国民健康，将品牌价值上升至民生价值一直是榄菊成为行业"常青树"的内驱力。通过整合资源进行破壁联合发展，运用科技赋能走上全球化道路是榄菊不断精进的外驱力。内驱力指引榄菊不忘初心，外驱力为榄菊带来强大的竞争力，内外结合助力榄菊占领市场。

自20世纪90年代起，榄菊开始研发专业技术，从改良产品、研发专利到与国内外机构、著名大学合作走上产学研一体化发展道路。道路的深化不仅使榄菊进入科技强企时代，还提升了品牌的全球影响力，合作研制的项目也蕴含着民生价值。榄菊通过整合社会资源寻求共同价值观，积极与各方合作以达到"1+1>2"的效果。2020年，与中国天气、江苏气象联合发布《2020全国蚊子出没预报地图》，助力消费者清晰了解未来三天所在城市的蚊虫指数，对于有效防护起到了前瞻作用。"蚊子地图"一天之内登上微博热搜榜，阅读量超2亿人次，表现出极高的曝光率以及对消费者猎奇心的满足。主流媒体纷纷转发，肯定了该模型的创新性与实用性。

榄菊从"国际化"向"全球化"发展，充分发挥其在行业中的示范和引领作用。引领和示范需要从当前服务领域上升至人类生活、生产中的生物防制领域。对此，榄菊运用新渠道进行公益直播，向大众科普蚊虫防治知识是筑牢有害生物防线。在直播中，通过准备蚊虫叮咬实验，亲自展示被蚊子叮咬的情况，再为网友详细解析蚊子、蚊子包的研究及驱蚊知识。还上线了互动H5"智能鉴包"，网友们通过H5上传"蚊子包"照片，获取相关蚊虫的专业解读和驱护建议，让大家在参与过程中潜移默化地建立起完备的蚊虫防治知识体系。榄菊应用受众喜闻乐见的新渠道，情景化展示企业的专业研究成果，将行业的引领示范作用落到实处。

对外传播是时代使命也是企业家国价值的输出与发展新方向。秉持"产品发展是硬道理"的理念，榄菊在打开、稳定市场后，将国内、国际市场的双发展作为占领市场的重要策略。蚊虫防治类产品依旧作为榄菊的核心，通过精准分类研发的儿童驱蚊产品全面布局婴童板块，同时对生活用品，如纸类、洗涤类、消毒类产品进行产品线加码，产品全方位、多种类辐射，同步开拓国内外市场、实现线上线下共同营销。在国内市场，榄菊的核心产品稳步发展，沿线产品以高速姿态增长，终端门店超过千家。在国外市场，榄菊出口 30 多个国家和地区，销售额稳步上升，竞争力不断增强。榄菊一直致力于成为广大消费者的护卫使者，并作为中国驰名品牌积极对外传播，极大地推动了行业朝绿色环保、可持续发展方向的进步。

从打开市场到占领市场，榄菊通过匠心研制产品，多渠道、多维度创新发展，成功完成"蜕变三部曲"。

## 三、本土日化品牌创意发展走向

随着新生代年轻群体逐渐成为拉动消费的引擎，消费格局的重构、营销内容的偏好为处于夕阳化困境的传统日化品牌提供了明确的破局方向。实践证明，只有大力推进品牌年轻化工程才能在新时代下提升品牌价值。可以从年轻化道路、视频呈现方式、内容助推力、品效合一价值追求四方面入手，对传统日化品牌发展进行改革创新。

### 1. 年轻化是本土日化品牌创意发展的趋势

近年来，在中国经济增长和消费性支出带动零售额增长的背景下，快消品行业实现快速增长，市场环境同时发生巨大的变化。市场消费主力军已经从"70后""80后"变成了 21 世纪的年轻群体。消费主体日益年轻化对日化企业提出了新要求。不断挖掘新的消费需求、吸引年轻的消费群体是快消品牌持续增长的关键。如何抓住趋势的变化，通过对年轻人市场的洞察、分析，寻找创新的营销方法，成为日化企业需要思考的问题。

随着消费升级的变化，近年来，中国日化行业刮起了一股"新国货潮"。在整个行业朝年轻化、个性化、精细化趋势发展的过程中，不少国货品牌开始更加注重产品设计，追求生产配方成分更优、产品品控更严、包装设计更潮的产品，将"中国品牌"与"中国文化""中国设计"相结合，助力美好生活，传播中国之美，这也是东方美学的体现。除此之外，还有越来越多的日化产品玩起了跨界，这也是适应时代潮流趋势的一种做法，这种宣传形式有效地拉近了与"90后""00后"新生代消费群体的距离。

## 2. 视频化成为本土日化品牌创意表现的主流

随着互联网时代的发展，用户获取信息的方式已转至视频平台。通过视频呈现对信息进行编码解码的传播方式已覆盖生活中的各个场景。无论企业官网、视频网站还是社交媒体，都聚集了大量的品牌广告、产品宣传片、发布会视频、会议宣传视频等内容。视频营销正迅速成为最受欢迎、效果最佳的内容营销方式。此外，视频直观性、全面性为一体的展示能力是图片和声音无法替代的，众多消费者通过收看视频决定购买行为。随着互联网技术的成熟，视频营销孵化出短视频这样更适用于手机端传播的新兴形式。大量的短视频平台迅速崛起，聚集用户的同时也吸引了品牌主的关注。创意视频具有投放精准、内容互动性强、传播速度快、营销投入少等特性，与消费者更能达成情感共鸣，正逐渐成为本土品牌创意表现的主流。整合行业资源、拓展平台能力、抓住视频营销创新将成为本土日化品牌创新路上突围的机遇。

## 3. 内容力推动国民日化品牌创意升级

新时代消费者的消费行为呈动态化发展趋势，猎奇心理对消费有较大的影响。近三成消费者频繁更换品牌，大部分是受到新兴品牌的传播吸引，而非对当前品牌不满意，这对品牌传播带来的挑战是要不断更新品牌传播内容。"内容＋技术"是破局的密码。品牌要做的是从本质上建立起与消费者的对话，用创新内容沉淀品牌认知，持续提升品牌影响力。内容的本质要落于实处，高质量的产品生产是构建内容力的基础。恰到好处的宣传不主张夸大化处理，所看即所得的背书式营销是建立良好品牌口碑的经典方式。对于创意生产而言，未来要颠覆的不是创意的内容而是创意的生产方式。运用平台算法或专业数据，精准打造并输出创意内容，丰富创意表现形式，从而从多维度有效地提高创意的生产力成为本土日化品牌创意升级的一大助力。

## 4. 品效合一成为本土日化品牌创意的追求

当前，按效果计费的效果营销时代已经来临，品效合一是移动互联网广告的重要发展趋势。品效合一需要品效均衡发展，用合体思维推进。在本土日化品牌发展的过程中，为了实现品效合一的目的，生产一体化、破壁联合发展、数据分析监管一体化都是不可或缺的。在生产销售一体化中，通过直播带货、博主推荐的方式赋予代言人话语权以及亲身参与生产、探寻式内容的输出为产品销售打下基础。在破壁联合中，可以通过不同领域的企业联合推出新品以及不同渠道的分工协作提升效果。在平台选择上，可以将直播平台作为经营主旋律，电商平台作为触及用户体验反馈的辅助。数字化转型不仅要依托数据对用户进行分类、对产品进行个性化投放，还需要聚焦数据监管。监控社交平台的话题参与，对电商平台的点击量、销售量、退货量进行深度分析。这些方式都有助于品牌建立深度反馈机制，前瞻性地预测产品销售情况，及时调整后续营销策略。

# 第二章
# 洞察决定创意

**导语**

创意需要一双眼睛，洞察消费者的心、洞察营销环境、洞察市场趋势。企业在品牌塑造的过程中，希望抓住"95后""00后"的心，然而，新一代年轻人的品牌喜好、消费方式和消费场景早已发生了翻天覆地的变化。如何布局年轻人市场是每个企业的品牌战略部门应该思考的问题，接下来我们以洞察为抓手进入年轻人的世界。

# 第一节 "00后"创意文化洞察及创意密码

消费者的购买行为在一定程度上取决于所处的社会文化环境和心理需求。随着情感价值在用户消费中的比重不断提升,附着在传播内容之上的文化因素成为用户选择的重要依据。当前,"00后"深受国潮文化、二次元文化与后现代文化的影响,出自他们之手的创意作品也涵盖着这些文化因素。

## 一、国潮文化及创意案例解读

### 1. 国潮文化

近年来,随着中国本土品牌的带动,"国潮"成为一种新兴的潮流趋势。从字面上解释,"国"是指中国文化特色,"潮"是指潮流与趋势。对于国潮,我们可以理解为是以品牌为载体,既能满足年轻消费者个性的展示以及对时尚的热爱,又是传统文化再次回到主流市场而产生的一种流行现象。国潮可以被相对全面地概括为几个基本要素:中国、品牌、潮流和文化。

国潮的流行被视为多元的潮流世界主动重回传统,通过激发爱国情怀来引起共鸣,从而实现有效的消费力转换。对内,国潮是引起消费者文化归属感和情感共振的"篝火";对外,国潮是展示我国文化自信的"火炬"。国潮正逐渐演变为一种新的时尚符号,以本土品牌为风帆、以产品为依托、以新媒体环境为渠道,通过"新老"文化的交织,探索出一条适合其发展的道路。

每一个国家都有自己的文化记忆以及文化价值,伴随着国潮而起的是我们对优秀传统文化的复兴,以及对本土品牌文化的期盼。只有真正深根于品牌自身价值,融入东方美学,才是"国潮"的未来。

### 2. 国潮文化受"00后"喜爱的原因

#### 1)"文化自信"大环境的影响

"00后"出生在千禧年以后,在我国繁荣昌盛的大环境中成长,"文化自信"的观念伴随着"00后"的生活。国家的经济地位在很大程度上影响甚至决定国际地位,而国际地位的提升必然增强国民对于民族文化的认同感。自2000年以来,我国的经济地位在国际上不断上升,是国潮文化得以流行的重要条件,而国潮文化在"00后"中的流行更是"00后"文化自信的体现。

#### 2)彰显个性的价值需求

比起父辈,"00后"生活在物质更为富裕的年代,接受的教育也更为多样、全面,同时因互联网的发展,多样的信息使"00后"应接不暇,也使"00后"难以找到文化上的自我身份。国潮的兴起能够引起"00后"的消费价值需求,越是年轻的消费者,越是愿意消费彰显自己个性的产品。对"00后"而言,国潮能够带给他们新鲜感、趣味感和个性化,能够彰显他们的特别之处。

"00后"对文化有自己独特的看法和态度,也有自己的表达欲望。国潮的流行,使得"00后"能够公开表达自己对于"国"和"潮"文化的态度,以自己的语言诠释古老文化赋予现代的美感,将传统文化融入时尚的创意,自信展示对中国传统文化以及时尚文化的理解。

#### 3)审美能力的提高

"00后"是乐于为美而消费的一代,信息的多样和视野的开阔,都为"00后"审美水平的提升提供了前提。国潮视觉上的冲击以及画面上的和谐,能够迅速激发"00后"的兴趣。丰富的意象、极致的东方美能够唤醒"00后"的审美认同感。

#### 4)传统文化宣传的推波助澜

企业和媒体等多方合作,极大地推动了国潮的流行。出于家国情怀和经济利益的双重考量,有远见的企业在为国潮"排兵布阵",不断产出带有中国文化元素的产品。这些产品的线上传播营销和线下店铺体验都吸引了大批的年轻受众进行消费。媒体也加大了对传统文化的宣传力度，出品了一系列优质的国潮文化节目。

5）数字媒介发展的便捷性

电商的发展以及线上购物的便捷，是国潮打入"00后"的重要"武器"。手机、电脑等新兴媒介的普及使得人们对信息的接触路径更加便捷，H5、直播等新兴的媒介传播形式也因其趣味性和互动性受到年轻消费者的喜爱，这为国潮品牌的传播带来了很大的动力。

### 3. 国潮与品牌年轻化的发展

1）国潮为品牌塑造新形象

近几年，国潮之风盛行，许多本土品牌借此势头宣传和营销。

（1）"国潮文化"可以让品牌很好地讲述自己的品牌历史。品牌历史作为树立差异化品牌印象的重要依据，记录了品牌的起源和发展，是每个品牌以及企业的重要组成部分和特殊文化资源。品牌历史可以极大地激发人们的怀旧情绪，促进认同感和同理心的产生，这一点与国潮文化不尽相同。不同的品牌可以灵活掌握自己的品牌历史，寻求适合自己的营销策略，合理利用国潮文化进行视觉上的传达等，为自己的品牌历史赋能。

（2）"国潮文化"能够为产品进行文化赋能。随着近年来消费水平的提高，很多消费者的购买点逐渐从产品自身的使用功能转变为产品的附加值，产品是否可以为消费者带来文化归属感以及情感上的共鸣也成为品牌传播的重点之一。

2）国潮与品牌的互推

国潮文化助力品牌发展，同时品牌也是国潮文化广泛传播的推手。国潮文化所展示的传统文化内涵，通过品牌这个"载体"对外广泛传播，提升消费者民族认同感的同时，也让传统文化重新走向大众。

近年来国潮文化与品牌在文创、美妆、食品、科技、影视等诸多领域都进行了融合，很多国货产品也在海外大火，这不仅让我们重新领略中国传统文化，更是将中国文化推向世界，让更多的人了解中国的文化底蕴。

3）国潮与青年消费者的联系

通过国潮对青年的影响以及青年对国潮的反馈不难看出，国潮文化可以更好地推动品牌走进青年群体消费市场，这也符合当下市场环境中各个品牌都想要追求的年轻化，国潮文化便是品牌与年轻化之间的桥梁。

4）国潮文化丰富消费趣味感

对于充满活力的年轻消费者而言，国潮是充满新鲜感、趣味感的，能够彰显个性。其丰富的内涵，能让消费者对品牌精神和文化产生了解的欲望。国潮文化不仅能够满足消费者对传统文化的认同感，还能让消费者对民族本土品牌产生归属感，情感上的共振刺激着消费。

4. 国潮创意案例解读

富含传统文化的作品是国潮的特点。金奖作品《不要急，我们有榄菊》（图2-1）通过精细的绘制，表现了一组极具动感效果的国潮创意平面作品，分别通过《三国演义》《西游记》《水浒传》中的几组人物形象展现出榄菊江

图 2-1
《不要急，我们有榄菊》创意思想：蚊虫有多可恨？拿起棒子就是一棍。作品通过关云长、孙悟空、鲁智深三个角色表现出对蚊虫的暴躁情绪。但是，不要急，我们有榄菊。

湖救急的及时、有效。趣味文案"云长不要急，大哥有榄菊""悟空不要急，为师有榄菊""智深不要急，我们有榄菊"，搭配富有想象力的画面，将中国古典名著人物和产品连接，能迅速拉近消费者的距离感。

金奖作品《菊话宝典》（图2-2）结合榄菊幽默、专业的品牌调性，以及传统武林秘籍的元素，提出了"刺客传说——《菊话宝典》"这一创意。既是"江湖驱蚊秘籍"，又能体现榄菊的驱蚊专业度和品牌话语权。作者在广告中融入年轻人喜爱的国风侠客元素，还将品牌与优秀国产动漫《刺客伍六七》结合，以当下年轻消费者最喜欢的沟通方式进行交互。

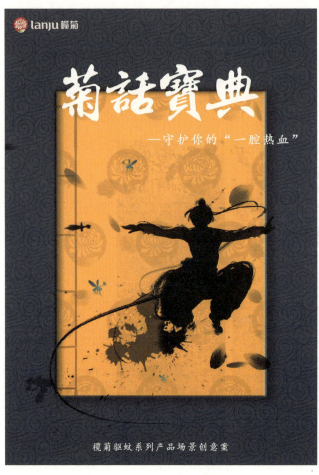

图2-2
《菊话宝典》
创意思想：通过"趣味跨界""次元破壁"，线上＋线下同步宣传，以当下年轻消费者最喜爱的沟通方式，与目标消费者进行交互，以新潮、敢玩的形象打动年轻的消费者。由此塑造在年轻消费者心目中"专业＋趣味"的品牌形象。

第二章　洞察决定创意

　　铜奖作品《用榄菊，没烦恼》（图2-3）选取了武松打虎、庄周梦蝶、刮骨疗伤等典故，主要画面都是我们熟知的人物被蚊虫所困的画面。区别于众多设计，作品对传统文化的借鉴使得作品的层次感更高，既彰显了创意的风格，又展示了榄菊品牌的个性，加深了榄菊的文化底蕴。同时，熟知的典故也更易让观众提高理解程度，了解日常生活中榄菊的重要性。另外，强烈的色彩冲击和夸张的人物表情也使得视觉表现感更强，给观众留下了深刻印象。但是，过分夸张的表情会令人不适，这也是作品未能获得金奖的原因之一

图2-3
《用榄菊，没烦恼》
创意思想：用武松打虎、庄周梦蝶、刮骨疗伤表明蚊虫虽小，但也会让人不胜其烦，既幽默又犀利地表达了榄菊的重要性。

《寻乐》（图2-4）改编自爱菊诗人陶渊明的《饮酒》。描绘了夏日被蚊虫困扰时，榄菊的出现使得蚊子主动离开，而后人们"展笑颜"。形象的情景描绘以及与经典诗句的结合，都使得这篇作品有所不同。整体的构思优美流畅、韵律动听、简短有力，广告语朗朗上口，表现了榄菊在夏日的重要存在感以及消费者对榄菊的需求。在体现榄菊"有蚊虫，用榄菊啦"的广告主题的同时，这则富有创意以及古诗色彩的文案既生动又独特，更为深广的意境美为作品增添了不少风采，也使得观众对其印象更为深刻。

结庐在人境，时有蚊虫喧。
问君奈何尔，有菊蚊自偏。
"榄菊"东篱下，悠然见笑颜。

图2-4
《寻乐》
创意思想：源于陶渊明的《饮酒》。在人间生活，免不了受蚊虫的烦扰，很多人对此无可奈何。这首诗表达了有蚊虫时，拥有榄菊等于拥有快乐和清静。

《国风榄菊包装再设计》（图2-5）使用传统的国画元素对榄菊的艾草型包装进行了再设计，推出了一款既符合当今流行文化，又对传统文化有所传承的新作品。国画形式的外包装，配上冷暖对比，再以艾草为主题，运用穿插的手法融入画面之中，给人安静、舒缓的感觉。熏香炉、水缸、荷花、荷叶、流云、

图2-5
《国风榄菊包装再设计》
创意思想：以传统国画元素对艾草型包装进行再设计。

山峰等元素的布局搭配，使得画面和谐稳定。对传统文化元素的借鉴，使得作品更加具有空间的层次感和立体的表现感，更具有观赏性。

　　受国潮文化的影响，富有中国元素的潮流文创产品越来越受到消费者的追随和喜爱。银奖作品《"雅伴探幽"电蚊拍》（图2-6）基于榄菊电蚊拍的功能与技术，结合中国传统文化元素"窗花"进行了创新创作。设计以传统的冰裂纹、如意纹等纹样和菊花为主要设计元素，令美好吉祥的寓意和榄菊的品牌价值巧妙融合。实用性和美感共现，将榄菊"健康生活，榄菊相伴"的品牌理念贯彻到底。另外，传统而又端庄的色彩选取和搭配，给观众留下了不俗的国风印象。

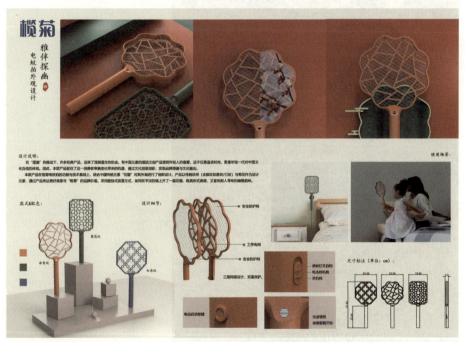

图2-6
《"雅伴探幽"电蚊拍》
创意思想：作品捕捉住消费者审美变化带来的机遇，通过文化创意创新，实现品牌增值与文化输出。作品采用壁挂式放置方式，如同在普通的墙上开了一扇花窗，既具形式美感，又富有耐人寻味的幽雅韵味。

　　铜奖作品《榄菊中式蚊香盒》（图2-7）设计了新型蚊香盒以及衍生产品蚊香。在配套蚊香的配色上采用中国古代黛蓝、胭脂、铜绿等色彩，别有一番风味。在蚊香盒的设计上，镂空的榄菊标志，充分展示了品牌特色。连接处的卯榫设计更是体现了榄菊的安全性能。在展现国货之美的同时，也营造了更为深层的榄菊品牌形象，富有内涵。独特的设计能给消费者留下更深的印象，也能提高消费者对品牌的认知。

图 2-7
《榄菊中式蚊香盒》
创意思想：榄菊，国货之光！中式蚊香盒展现国货形象，精致外形深受年轻人的喜爱。榄菊中式蚊香盒展现国货之美的同时，拉近了与年轻消费群体的距离。

《戏三国篇》《戏西游篇》（图 2-8）就榄菊的电蚊拍和蚊香两款产品进行了三国小故事和西游小故事的编写。两条最核心的广告语更是让人印象深刻："榄菊电蚊拍，耐用持久，谁都别走！""榄菊蚊香，即便是孙悟空，也让他有来无回！"在两则短小的故事中，榄菊的产品都是撒手锏的地位，正面突出了榄菊产品功能强大以及有效灭蚊的用途。简短的故事，直接明了地表达了榄菊的特征，使得榄菊的品牌创意更加通俗易懂、丰富多彩。

【戏三国篇】
赤壁大战，诸葛亮点兵："曹操兵败后必走华容道，关将军，我担心你念及旧情放走曹操。"
关羽不然："军师不必担心，我愿立下军令状。"
片刻，呼出关平："取我青龙偃月刀来！"
"云长且慢，此役不用你的青龙偃月刀，拿着它，莫说是曹操了，就是只蚊子都别想过去。"
"这是？"
"榄菊电蚊拍，耐用持久，谁都别走！"

【戏西游篇】
"小的们，今晚我们抓住了唐僧，明日一早吃唐僧肉！"
"大王抓了唐僧不怕今晚孙悟空来救走他吗？虽说咱们守卫森严但孙悟空可是会七十二变啊，小的听说他经常变成蚊子进洞救走唐僧。"
"哈哈哈哈~不怕，我有法宝。"
"榄菊蚊香，即便是孙悟空，也让他有来无回！"

图 2-8
《戏三国篇》《戏西游篇》
创意思想：根据榄菊的品牌调性，结合大众耳熟能详的经典名著桥段，以幽默的方式戏说。

《榄菊，你的"蚊"房四宝》（图 2-9）运用水墨画元素演绎国潮文化，将榄菊驱蚊产品与中国独有的书法绘画工具文房四宝巧妙结合。突出榄菊是"蚊"房四宝，强化了大众对"有蚊虫，用榄菊"的认知。同时，背景运用水墨风的山水画，增添了国风氛围感，无论是画面呈现还是蕴含深意都是国潮文化的艺术亮点。

大量古风元素以及敦煌配色使这组名为《古韵榄菊》（图 2-10）的作品充满国潮气息，同时三首改写自关于菊花的古诗词，充分体现了榄菊的产品特征。第一幅是对"蕊寒香冷蝶难来"的呈现，古风男子面容精致，菊花、藤蔓、祥云、小亭、彩蝶等元素丰富；第二幅源自"采菊东篱下，悠然见南山"，中间屏风

图 2-9
《榄菊，你的"蚊"房四宝》
创意思想：通过对榄菊品牌文化的了解，利用国货精品这一特点进行创作，将中国独有的书法绘画工具与榄菊驱蚊产品相结合。

图 2-10
《古韵榄菊》
创意思想：运用独特的古典画风和敦煌系配色，结合榄菊品牌诞生于拥有百年菊花历史文化古城的特点，创作出新国潮画风的海报，传达出榄菊"绿色、环保、健康"的理念。

的设计增加了画面层次,屏风外是勾线的山,屏风内是烂漫的景,还加入了鲲的元素;第三幅"寒花开已尽,菊蕊独盈枝",强调隐匿山中的亭台楼阁,增加了古风色彩。

优秀奖作品《因我榄菊在,天下无蚊害》(图2-11)借助古代神话人物与榄菊电蚊拍的奇妙联动传达"有蚊虫,用榄菊"的认知。左图对于雷公的细节描绘十分符合《集说诠真》所述的外貌特征;右上图是电母,手持两面闪电神镜;右下图是风伯,掌控风力。三人都手持榄菊电蚊拍,"器法合一"般地杀灭蚊虫。三幅画面底部都有很古风的山、水、石、云,同时画面选择做旧画布为背景,颇具古风。

图2-11
《因我榄菊在,天下无蚊害》
创意思想:借助古代神话人物体现出榄菊是一款国货精品。

优秀奖作品《趣战蚊》(图2-12)中左图是夏天的蚊子发出声响,在孩子的眼中就像群鹤一般,而榄菊蚊香烟雾中的蚊子就像一幅青云白鹤的景观,灵感来自沈复的散文《童趣》中烟雾与夏蚊的场景,将文言文用精彩的画面呈现出来，蕴含深意。右图则是将蚊子拟人化，被蚊香"熏晕"的蚊子就像喝醉了一样，营造出和蚊兄喝酒撸串的画面。两幅作品细节满满，插画以及水彩上色的呈现很复古，充满想象力又十分生活化，对经典文学作品的演绎是国潮的新形式。

图 2-12
《趣战蚊》
创意思想：一个灵感来自沈复的《童趣》；另一个灵感来自在蚊香的作用下蚊子会出现飞行速度下降的情况。

优秀奖作品《美丽神奇》（图 2-13）以民国时期复古画报的形式体现榄菊"国货之光"的特点。画面的色彩搭配既和谐又复古，画中两位美艳的民国姑娘仪态端庄，手持榄菊花露水和电蚊拍，无论是服装、首饰、神态、妆容、发型都十分贴近民国的时代特点。背景框线与圆形的结合让作品具有设计感，美中带潮。作品体现出年轻人对国潮的深刻认知以及细节把控，很好地体现了产品的国货特征，同时不难看出年轻人对"美"的欣赏与创造力。

优秀奖作品《有蚊虫，用榄菊啦！》（图 2-14）用风趣夸张的漫画展示三位文人日常被蚊虫困扰的画面。左图中，陶渊明手握一把菊花，被蚊虫叮得浑身是包，诗也写不尽兴，失去"悠然"的状态；右上图中，颜回备受蚊虫困扰，一瓢水也端不稳了，很难"颜开"；右下图中，刘禹锡在陋室之中，在蚊虫叮咬下无暇阅读《金经》，"德馨"难存。三幅作品呈现了三种产品及其使用场景，有效地传达了"有蚊虫，用榄菊"的认知。可以看出，作者对于文人以及他们的作品十分了解，在很多细节上还原了作品中的经典特征，这种将榄菊融入诗词文化的表现方式，既传达了榄菊是国货精品的理念，又诠释了品牌的内涵。

图 2-13
《美丽神奇》
创意思想：作品通过民国时期海报广告的形式体现了产品是国货之光，具备历史悠久的文化内涵。

图 2-14
《有蚊虫，用榄菊啦！》
创意思想：由"不畏严寒，其志弥坚，不事张扬，其味溢香"的菊花文化，联想到我国古代有菊花般高洁不屈、不畏艰难品质的文人们。使用诙谐幽默的视觉形象，传达了国货精品、健康、幽默形象的同时，贴合了品牌菊花文化的内涵。

优秀奖作品《夜贼来袭，榄菊帮您！》（图 2-15）使用有趣的 Q 版漫画演绎古装剧中的场景，很好地展示了榄菊的产品特征。第一幅作品营造出捕快捉刺客的氛围，有榄菊灭蚊灯这盏"神灯"在，蚊子乖乖地自投罗网；第二幅则是宫中娘娘开启灭蚊灯，蚊帐中藏匿的"内鬼"蚊子原形毕露。两幅作品通过两种不同的场景传达出榄菊灭蚊灯便利、高效的特征。其中还有主角与蚊子之间的对话，具有相当的趣味性和想象力。

图 2-15
《夜贼来袭，榄菊帮您！》
创意思想：夏日来临，蚊虫肆虐。最令人烦恼的，便是在快要进入甜美梦境时突然让人一激灵的嗡嗡声。结合流行的古装片中的情景，捕快在夜晚与"刺客"蚊子斗智斗勇，利用"神灯"让蚊子自投罗网，突出了榄菊灭蚊灯的便利。在宫中，娘娘悠然自得地点上"神灯"，让蚊帐中的"内鬼"蚊子原形毕露，不用蚊帐也能安心入眠。

## 二、二次元文化及创意案例解读

### 1. 什么是二次元文化

次元即维度，二次元可以被理解为"能够用 $X$ 轴和 $Y$ 轴来定义的二维空间"，而漫画和动画等所描绘的就是平面的二维空间，因此是二次元的。狭义上可以以象征和符号去理解二次元，则是指由动画（animation）、漫画（comic）、游戏（game）创造出的虚拟人物构成的虚拟世界（三者合并简称为"ACG"）。动画、漫画、游戏三者是二次元文化的主要承载形式。

二次元文化在中国的兴起很大程度上受到互联网传播的影响。在网络上，二次元文化爱好者们组建兴趣社区，成员们普遍拥有相似甚至一致的价值观念和行为方式，形成一定的文化圈层。随着国内最大的二次元聚集地——B站的出圈，二次元也逐渐从小众爱好走入主流文化的视野，逐渐成为一种普遍的文化现象，在某种程度上其实代表着年轻群体一定的文化取向。

**2. 二次元文化与"00后"**

1）"00后"在二次元中得到陪伴

在二次元社交空间中，共同的兴趣爱好可能会产生有组织、有纪律的团队合作活动，如漫展、交谈会等。对于大多数参与者而言，这样的社交能给他们带来单纯而简单的结交同好的快乐，并且从中还能找到新的身份认同以及归属感、安全感、陪伴感。

"00后"大多数是独生子女，独生子女的成长过程多是较为孤独的。二次元作品中的人物形象能够给予他们精神上的抚慰，弥补部分的情感缺失。有的二次元爱好者乐于将二次元作品中自己所喜爱的形象当作自己的朋友。

2）"00后"在二次元中避世

随着不断长大，"00后"的成长之痛也随之而来。在日常的生活、学习甚至工作中，压力带来的是越来越谨慎，很难也不愿意在现实世界中表露真情实感。这时，二次元作品从陪伴成长的角色转换为避风港的角色。"00后"在二次元世界中得到心灵慰藉，将二次元世界视为自己的避风港，在这里暂时忘却现实生活中的困难、烦恼。"没有人会再让我背诵难记的文言文，不用再写解不出来的数学题，不会再有老师的犀利眼神，也不会有家长失望的眼神，只有另一个快乐的世界。"

3）"00后"在二次元中得到情感宣泄

大部分"00后"会把现实世界的条文律法、人情世故当作一种束缚，但是他们在二次元的理想世界里却可以做到无拘无束、随心所欲。无论是看着热血漫画人物实现自己曾经的梦想，还是二次元人物拥有自己所期盼的性格，"00后"都会在二次元文化中得到情感宣泄。

看着游戏里的人物在自己的操控下，一步步从边缘人物变成主角，或许这就是另一种实现自我的方式。现实中的恶人可能会存在，但是在二次元世界中坏人终会得到该有的惩罚。现实生活中想都不敢想象的画面，在二次元世界中都会一一出现，甚至比想象的要更美好。

4）"00后"在二次元环境下得到成长

"00后"大部分成长于网络信息发达的环境中，被视为网络的"原住民"，网络化生存成为他们"与生俱来"的本领。网络聚集了国内外二次元的经典故事与人物，有哆啦A梦、海贼王、漫威英雄等，也有如刺客伍六七、罗小黑等。网络环境中浓重的二次元文化氛围，使得"00后"即使不是二次元爱好者，也会受到二次元文化的影响。二次元已成为"00后"的身份标签和时代属性。

### 3. 二次元文化与品牌营销

1）引发品牌的情感呼唤

营销传播在今天已经逐渐从实用理性转变为情感呼唤，不仅需要引起消费者的注意并达成消费行为，更是需要唤醒消费者对品牌核心价值和品牌精神的认同。品牌以二次元文化为载体，或是合作，或是创作新的IP，都可以促使消费者形成情感认同并达成消费目的。

2）丰富品牌的传播创意

与二次元文化交融，能够有效地提升品牌的传播创意。新鲜的元素相当于新鲜的血液汇入，成功的二次元营销在给消费者留下深刻影响的同时，也在某种程度上提高了整体创意的水平与层次。由于二次元文化本身就是在年轻群体中产生并发展起来的，鉴于品牌年轻化的需求，借助于二次元元素，能够更有力地完成品牌年轻化核心创意点的传播。

3）拓展品牌的传播深度与广度

二次元具有社群特征，内部成员的口碑传播能够带动品牌传播的深度，实现在一个群体中深入、扎根的目的。现在的受众群体不再是固定不变的，而是呈分散状态。每个人都是多元化的，不同的二次元爱好者可能具有多重身份，在多元的社群中进行多样的活动。以这些个体作为传播的关键点，一张网状的传播就这样迅速被编织，在很大程度上提升品牌的传播覆盖面。

4) 提升品牌的忠诚度

二次元文化本身就是一种极具文化认同的社群文化，社群经济更是强调用户在社群中的参与度和自主程度。品牌若借助二次元营销，较易在社群内形成二次元内容的再次创作与传播。这样一来，一旦遭遇品牌危机，参与过的成员会自动维护品牌的形象和价值，能在一定程度上实现品牌消费者忠诚度的提升。

时至今日，二次元文化与"00后"的日常生活已经息息相关，处处可见二次元世界"侵入"现实世界的痕迹。与"00后"打交道，无论是出于情感或是传播目的，品牌传播与营销的二次元化刻不容缓。

### 4. 二次元创意案例解读

以下是在榄菊品牌学院奖历届获奖作品中，由"00后"创作的二次元创意传播案例。

金奖作品《榄菊——默默无"蚊"》（图2-16）巧妙地将榄菊驱蚊液融入少女漫画，符合当代年轻人的审美习惯，更利于拉近品牌与消费者之间的距离。漫画少女形象更是以亲切的口吻介绍了榄菊驱蚊液的多项功能。结合画面，作者用简单的画面就让驱蚊水保湿、便携、有效驱蚊的功能深入人心，让年轻人充分了解产品，从而赢得"00后"的青睐。

铜奖作品《榄菊之力》（图2-17）区别于主流的设计风格，采用手绘黑白日系漫画的方式进行创作。黑白漫画具有强烈的视觉冲击效果，从而更易在众多设计中脱颖而出。以未来世界蚊虫一族和人类大战作为故事背景，结合二次元世界的广告语"爆发吧，榄菊之力！""这就是榄菊的力量吗？"体现出榄菊可以强效又迅速地消灭蚊虫，让人类不再受到蚊虫困扰的功效。

图 2-16
《榄菊——默默无"蚊"》
创意思想：用幽默搞笑的形式向读者讲述榄菊品牌天然保湿、持效驱蚊 4 小时的功效，以及随身携带、自然健康的特点。

图 2-17
《榄菊之力》
创意思想：汲取古装武侠系列作品元素，以拟人的手法来表现产品的特点，并且通过特技打斗来突出产品驱蚊的能力。

连贯的故事情节令观众欲罢不能,无形之中给观众留下了深刻的印象,达到了理想的广告效果。

优秀奖作品《大战》(图 2-18)使用漫画的笔法,聚焦年轻人生活中的驱蚊现状进行写实的表现。作品大体采用紫色调,从而实现视觉上的协调,让消费者有更舒适的观感。女孩,霸气使用榄菊驱蚊液;男孩,潇洒挥舞榄菊电蚊拍。年轻人使用榄菊,轻松对抗蚊虫:直观体现了榄菊产品的实用特性,让消费者轻松地联想到日常生活中的驱蚊需求。作品将榄菊的核心观念和产品充分结合,传达出品牌"健康生活,榄菊相伴"的理念。

图 2-18
《大战》
创意思想:将画面处理成人与蚊子大战,具有视觉冲击力,能吸引消费者的目光,体现产品的调性。

优秀文案作品《黑夜里的英雄》(图 2-19)以日系漫画中的称谓"××君"称呼"榄菊君",将榄菊和年轻人熟知的二次元形象蝙蝠侠相类比,让榄菊瞬间有了具象的形象,成为像钢铁侠一样强壮威武的超级英雄。"黑夜里的英雄"更是体现了榄菊在夜晚守护睡眠、驱除蚊虫的作用。这条借助二次元文化走近消费者喜好的广告文案,在增加榄菊产品亲和力的同时,也增添了趣味效果。作者的巧思使得简单的文字富有画面感,生活中榄菊如同超级英雄一样,总能在我们遇到困难的时候立即出现。

盛行黑夜里的英雄，不止是蝙蝠侠，还有榄菊君。

图 2-19
《黑夜里的英雄》
创意思想：用"蝙蝠侠黑夜救人"的英雄形象比喻榄菊也像英雄一样在夜晚、夜色里消灭蚊虫，形象地表达出榄菊产品的功能和特点。

金奖作品《别让蚊子》（图 2-20）以手绘漫画的形式，用两幅作品描绘出夜晚蚊虫扰人清梦的肆意妄为。蚊子在耳朵旁嚣张地开着"演唱会"，在鼻子上可恶地"蹦迪"，让消费者直观地联想到被蚊虫烦扰时的场景，借此体现出榄菊在日常生活中的重要性，侧面反映出榄菊"健康生活，榄菊相伴"的品牌理念。艺术源于生活，而高于生活，夸张而又不失想象力的画面，让品牌特性深入人心，进而激发心灵共鸣。

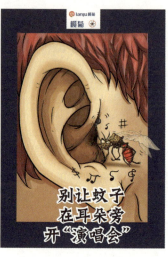

图 2-20
《别让蚊子》
创意思想：作品描述了夜色中蚊子在脸上、鼻子上、耳朵旁肆意妄为，让人痛苦不堪，难以入睡。以滑稽的样貌和动作表达，让人们体会蚊子的可恶，从而意识到榄菊产品的重要性。

《驱蚊九大派》（图 2-21）参照游戏中武器说明的格式，逐一分析各类灭蚊虫的道具，最后引出榄菊驱蚊液。作者分析了八种常用的灭蚊虫道具，发现它们都有各自的缺点。经过前后对比，榄菊驱蚊液能做到便携、纯天然、温和护肤、强力有效的综合。欲扬先抑的手法，凸显了榄菊驱蚊液的"一骑绝尘"，给消费者留下了深刻的印象，并且将榄菊的功能巧妙地刻入消费者的脑海中。通过选取年轻人日常生活的素材进行创作，让人觉得既生动又新颖。

**驱蚊九大派**

金钟罩【蚊帐】：纱布制成的防御型武器。
缺点：体型大，无法随身携带，害怕神兽【猫】。
推荐指数：★★★

如来神掌【手掌】：人类自带的初始攻击类武器。
缺点：单体攻击，易被偷袭。
推荐指数：★★

雷神之锤【电蚊拍】：雷电附魔的攻击性武器。
缺点：不易携带，容易误伤同类。
推荐指数：★★

招魂灯【灭蚊灯】：精神伤害类武器，引蚊于无形。
缺点：作用范围小，发出的妖光让人心烦意燥。
推荐指数：★★★

暴雨梨花针【声波驱蚊器】：精神伤害类武器。
缺点：命中率低，蚊子大摇大摆地从旁边飞过。
推荐指数：★

断肠草【蚊香】：植物制成的火属性武器，能产生毒烟。
缺点：攻击性极强，容易熏晕人类，产生明火容易走水。
推荐指数：★★★

软筋散【驱蚊精油】：植物制成的防御类武器。
缺点：对人非常温和，对蚊子也是。
推荐指数：★★

天罗地网【粘蚊板】：防御类武器，能大量地捕捉蚊子。
缺点：上至苍蝇下至小飞蚊通通抓捕，对中间的蚊子作用甚低，因为蚊子不往上飞。
推荐指数：★

含笑半步颠【榄菊驱蚊液】：驱蚊于无形的增益型武器，不仅能驱蚊还能滋润皮肤。实乃居家旅行、驱蚊护肤必备之神器！
优点：方便携带，全方位防护，植物草本精华，添加玻尿酸成分，温和护肤。
推荐指数：★★★★★

图 2-21
《驱蚊九大派》
创意思想：以年轻人感兴趣的游戏攻略为题材，结合武侠风格，贴近年轻用户。开篇并不直言产品，而是以对比的方式留下悬念。最后突出榄菊产品，令人印象深刻。

《我的魔法只是陪你升级打怪》（图 2-22）通过第一人称对话的形式进行品牌情感的表达。品牌情话是近几年品牌文案流行的写作方式。消费者是情感动物，越是能触及情感的内容越容易引起共鸣。结合游戏升级打怪，作者将年轻人生活中面对的琐事形容成升级打怪，拉近了榄菊和年轻人之间的距离。榄菊的魔法，可能没办法帮你解决生活中最头疼的事情，但是却能帮你在向前的路上减少痛痒，让你放心前行。正所谓，陪伴是最好的礼物——"健康生活，榄菊相伴"。

```
我的魔法只是陪你升级打怪
hey，亲爱的你
老师是不是又布置任务了？
最近老板又让你加班了吗？
和对象的感情进展还顺利吗？
今天爸妈是不是又催婚了呀？
网上冲浪不会又遇到困难了吧？
……
有时候
是不是感觉生活有点烦躁
很多种声音在耳边围绕
压力真的好大
但是这就是生活啊
平淡但是还得继续
悄悄告诉你
榄菊，有一种魔法
蚊虫的秘密，我们都知道
生活的痛痒，我们可以帮你解决
世界"嗡嗡"叫
唯有我们，一起向前
```

图 2-22
《我的魔法只是陪你升级打怪》
创意思想：每个人都在奋斗，蚊虫的出现让环境嘈杂，让身体痛痒，生活需要升级打怪，榄菊陪你一起！

《有了榄菊再也不怕蚊虫叮咬！》（图 2-23）借鉴在新世纪少男少女中流行的多格漫画风格，在一众平面作品中引人注目。针对榄菊所面对的三类群体，放大了消费者在备受蚊虫烦扰时的不适及恼怒，在蚊虫来临时，"有了榄菊，

图 2-23
《有了榄菊再也不怕蚊虫叮咬！》
创意思想：根据品牌调性，作品将目标受众分为三类，有了榄菊再也不怕蚊虫叮咬，让生活变得更舒适！

再也不怕蚊虫叮咬！"另外，作品色彩搭配鲜亮活泼，整体风格轻松且富有趣味，体现作者个人风格的同时，也符合榄菊进入年轻消费群体的需求。场景化的创意表达为作品加分，使得作品更鲜活、有力。

《榄菊杀蚊不是问题》（图2-24）以漫画的形式呈现，画面分别是一位榄菊少男和一位榄菊少女的动漫形象。炎炎夏日，蚊虫猖獗，榄菊少男、少女正在运用手枪、手榴弹与蚊虫厮杀。作品拥有突出的线条以及色彩，极具冲击力，令人印象深刻。红和黑的搭配，冲突中有着协调。抢眼的红色更是突出了榄菊的强效灭蚊效果，让人一眼就能够看出榄菊"快、狠、准"的特点。以"00后"喜爱的热血漫画为主题，融入榄菊的元素，用新潮的二次元文化传递榄菊的功能，赋予品牌年轻化更多的能量。

图2-24
《榄菊杀蚊不是问题》
创意思想：作品以漫画的形式，画面融入两种卡通形象，体现对蚊子的愤怒。作品以手持手枪、手握手榴弹为表现形式，人物身上绘有榄菊的图案，让人们感受到榄菊的杀伤力。

《驱蚊高手》（图2-25）结合蝙蝠侠、星球大战等经典形象，配以"蚊子怕蝙蝠？其实是榄菊啦！"的系列广告文案。作者使用"00后"熟知的经典形象，用来彰显榄菊的效果比其还要强劲。这样的正面烘托手法，使得榄菊在消费者心中的形象更加高大，如同孙悟空一样"有法力"，比蝙蝠侠还要"强壮"，比盔甲还要"坚硬"。作品突破想象的局限，让产品创意多元化的同时，点出了榄菊

图 2-25
《驱蚊高手》
创意思想：三幅系列插画，创意点分别是悟空给唐僧画的圈防护蚊子，其实蚊子怕的是榄菊；蝙蝠侠被蚊子咬了，只能用榄菊花露水驱蚊；星球大战不用枪了，毕竟对手是蚊子怪兽，只能用榄菊杀虫剂。

的可靠效果，体现了榄菊驱蚊液既方便又好用的特点。

《灭蚊双绝》（图 2-26）用 Q 版漫画的画法，选择了黄飞鸿和成龙两位经典人物形象，并且结合了他们的招牌功夫动作——"佛山无影脚"和"醉拳"。从榄菊驱蚊灭蚊的功效出发，搭配"一脚制蚊""重拳击蚊"的文字，让榄菊与强大的功夫进行正面类比。作品间接赋予榄菊驱蚊液抽象的强大感，化具象为抽象，重点传达了榄菊"有蚊虫，用榄菊啦"的品牌口号，让消费者对榄菊品牌的认可度更上一层。

第二章 洞察决定创意

图 2-26
《灭蚊双绝》
创意思想：从榄菊驱蚊灭蚊出发，结合"佛山无影脚"与"醉拳"的经典动作，重点突出榄菊产品驱蚊灭蚊的功效。

《最后一只蚊子》（图 2-27）的内容是在未来世界里新闻播报蚊子接近灭绝的情景。新闻主播借鉴经典国漫《那年那兔那些事儿》中的中国兔子形象，巧妙地将"00 后"中具有影响力的元素融入广告中。从"用了榄菊后，蚊虫都要灭绝了"的设定，突出了榄菊的强效有力，饶有趣味。众所周知，如果在创意表现中加入具有影响力的元素，能够更快地深入消费者，打开与消费者沟通的渠道，迅速提升消费者的认同感。

图 2-27
《最后一只蚊子》
创意思想：未来的某一天，人们都使用了榄菊的花露水，世界上的蚊子接近灭绝，但是居然出现了最后一只蚊子，这只蚊子在成都动物园内。

《天下蚊侠，为榄菊必杀》（图2-28）既诙谐又有趣，仔细观察会发现作者用小人书完整地讲述了一个蚊虫与哪吒战斗的故事。故事中，哪吒最后使出撒手锏——榄菊，才将嚣张跋扈的蚊侠消灭。作品运用夸张的文字，配以好玩的画面，中二又搞笑、生动又有活力。这样的极具童年回忆的作品，在表现品牌特点的同时，悄无声息地将我们熟知的元素绘入，拉近品牌和消费者距离的同时，又满足了娱悦身心的需求。

图 2-28
《天下蚊侠，为榄菊必杀》创意思想：把嚣张跋扈的蚊子比喻成侠客和哪吒进行战斗，哪吒使用自己的武器打不过蚊侠，最终用榄菊一招制敌，用夸张、比喻以及搞笑的手法体现出榄菊健康、有效的特点。

《蚊子日记》（图2-29）用了时下流行的熊猫头表情包元素，不同于其他作品从榄菊的视角进行创作，作者分别用三只蚊子的视角写了上下六则日记，轻松又接地气的方式，突出了驱蚊产品的效果。这样贴近年轻人的作品能够牢牢抓住年轻消费者的注意，可爱又富有趣味。

第二章 洞察决定创意

图 2-29
《蚊子日记》
创意思想：用蚊子的视角讲故事。画风和叙述方式紧跟年轻群体的热点，用轻松和接地气的方式传达榄菊的品牌形象。

《拒绝蚊虫用榄菊！》（图 2-30）使用手绘漫画形式展现，分别表现了蚊虫叮咬鼻子、眼睛、嘴唇后，人们愤怒、尴尬、悲伤的表情，侧面反映榄菊在生活中的重要性和必要性。作者以诙谐的手法进行创作，从日常生活中提取素材，以小见大，深入消费者群体，无形之中增加了消费者的认同感。夸张的表

图 2-30
《拒绝蚊虫用榄菊！》
创意思想：文案表达了被蚊子咬到五官的窘迫，也强调了榄菊可以让你从此拒绝蚊虫干扰，拒绝此类窘迫场面的发生，向消费者传达"有蚊虫，用榄菊"的首选认知。

情和细节让画面更加生动形象，拉近了品牌和消费者的距离，符合榄菊国货、幽默的品牌调性。

## 三、后现代文化及创意案例解读

### 1. 关于后现代文化

后现代文化，也称后现代主义文化，是指20世纪五六十年代兴起于美国而后逐渐广泛传播的国际性社会文化思潮，这股思潮以消解和重构为核心，从最早的西方建筑和诗歌领域广泛地影响到社会学、心理学、艺术等领域。

"后现代文化"中的"后现代"不同于"传统"与"现代"，不仅表现在时间概念上的差异，更多地表现在对传统文化的摒弃和对现代主义文化的反叛。后现代文化更多的是一种亦雅亦俗的文化，就像"大俗即大雅"。相较于传统文化的历史感，后现代文化更像是没有深度体验、没有浓厚历史感、仅反映当下瞬间体验的平面化产品；同时，后现代主义热衷于对经典的戏仿与嘲弄，热衷于对乌托邦信仰的消解。

### 2. 当后现代遇上广告

后现代广告是20世纪70年代开始在西方国家渐渐兴盛起来的。在广告的表达形式上，后现代广告作品一般有着夸张而大胆的符号，充满对于现实的隐喻；在广告的主题表达上，常常脱离产品本身的使用价值，为了传达某种反叛的内涵，重视解构的运用。其实，后现代文化本身也是一种独特的消费文化，正如现在许多消费者购买某件产品并不是因为产品本身的价值，更多的是产品被赋予的价值或品牌所传递的理念。

在后现代文化下，各种传统文化和现代文化中的元素都可以被解构成一种平面化的东西，以全新的形式呈现在大众面前。也就是说，后现代文化广告并没有固定的套路，而是一种有独特特征但模糊多变的表现形式，解构、戏谑、暗讽、拼贴、重复只是其中的几种表达方式，还有更多的可能性等待着被创造。充满创造力的一代——"00后"，是后现代文化中的代表军团之一，在他们无意中拍摄的一个短视频、随口说出的一句话、一个段子中都可能有着后现代文化的缩影。

### 3. "00后"生活中的后现代

#### 1）互联网的一代

当大众在感叹互联网时代变换太快的时候，"00后"却已经悄无声息地以超强才艺、成熟表现走到大众眼前。"00后"的一个特点就是对新鲜事物的接纳程度很高，他们或多或少会产生好奇心、试探并了解，在这个过程中还会加入自己的理解，甚至融入一些新想法进行"二创"。

后现代文化会在这样的环境下被"无意识"地创造出来。在很多"00后"眼里，自己熟悉的经典画面以全新的搞笑形式出现十分吸睛，且会令自己收获双倍的快乐。诸如此类对于经典的反复解构，对传统结构进行无逻辑、无理由的打散重排，以达到一种意外的创新效果，是后现代主义的一种显著特点，这也证明"00后"普遍接受后现代主义的表现方式。

#### 2）个性使然

在性格层面，"00后"精神独立，自我意识强，兴趣多元化，更具同理心，有旺盛的精力和行动力。他们拒绝随大流，更倾向于小众化的兴趣喜好，愿意专注自己热爱的某一领域进行深层探索，并且愿意结识一些有同样兴趣的伙伴。面对社会事件，他们更愿意进行深刻思考；面对一些场面，他们即使不能完全把握，还是会自信地做出尝试。

"00后"身上的自我意识使他们更加偏向于掌控自己的人生，而不是按照传统模式按部就班地生活。大众的惯常思维常常难以理解"00后"的某些选择和喜好。面对这些质疑，"00后"会产生一种"越挫越勇"的精神。他们会戏谑地调侃、反叛地打破所谓的常规，潜心用自己的实力证明给世界看：活出自己的样子才是青春最亮丽的色彩。

#### 3）"买得来的快乐"消费观

与其他年龄段不同的是，"00后"在购买产品时通常受利益驱动，对于自己喜欢的东西似乎并不过多地考虑它的实用价值，更注重遵循自己内心的感受，关注是否会为自己带来愉悦感，如买奶茶。一杯高含糖量的调制品，并不会带来很高的营养价值，但是花十几块钱便能让自己收获味蕾上的快乐。

由此可见，如今的消费很大程度上由产品本身的功能价值逐渐转化为附加价值，而"00后"正是注重附加价值的代表性消费者，那些在长辈眼中"浪费钱"的东西，在"00后"心中往往拥有其独特的价值。在品牌的选择上，"00后"也会更看重品牌所传达的理念，更酷、更新潮的理念总能吸引更多"00后"的目光，新奇、怪诞的广告表现形式往往能很好地满足他们的猎奇心。

#### 4. 后现代文化创意案例解读

以下是学院奖历届榄菊品牌获奖作品中具有后现代色彩的优秀作品，通过赏析它们的表现形式和艺术语言，或许更能体会到"00后"丰富的创意脑洞及对后现代表达的把握。

《名画的背后》（图2-31）将三幅世界名画以后现代文化搞怪的方式重新演绎。当名画中的经典人物遇到蚊虫时，蒙娜丽莎也会失去神秘的微笑，戴珍珠耳环的少女也会失去淡定的神态，倒牛奶的女佣也不得不放下陶罐。面露难色的三人纷纷拿起榄菊产品进行驱蚊。这样的创意角度以年轻人的趣味审美打破了对传统经典的认知，但又不失莫兰迪配色的美学表现，让经典变得生活化、年轻化的同时反映出年轻人拥有无限想象，很好地拉近了品牌与年轻人之间的距离。

《没有榄菊的苦恼》（图2-32）通过恶搞三尊著名雕像，侧面体现榄菊的产品特点。在蚊虫的困扰之下，思想者难以认真思考，只得晃起小腿驱赶蚊虫；自由女神不再向往自由，只得挥动拿着火炬的手臂驱赶蚊虫；强健的男子难以专心竞技，只得抓着铁饼挥臂驱赶蚊虫。在后现代艺术的搞怪手法下，没有榄菊的夏天，雕像"动"了起来。在视觉呈现上，粉蓝色的经典撞色组合十分吸睛。粉色作为大色块配以适当的留白，丰富画面的同时更具层次感。勾勒、填充亮暗面的方式处理让整幅画面更加协调统一。这些表现方式体现出"00后"对于后现代文化与艺术的把握，也体现出"00后"对于品牌年轻化的态度。

《榄菊的文字力量》（图2-33）通过对汉字的解构诠释了榄菊的产品特征，不难看出所有的汉字都失去了"虫"，而"虫"都被标红散落堆积在最底部，传递出"有蚊虫，用榄菊"的信号。作品灵活运用谐音替换，将榄菊两个

图 2-31
《名画的背后》
创意思想：作品以三幅世界名画为原型进行创作，将世界名画与不同的产品进行结合，站在画师的角度，看世界名画中的人物遇到了蚊虫会怎样面对。作品迎合了年轻人的审美趣味，有利于拉近与年轻消费者的距离。

图 2-32
《没有榄菊的苦恼》
创意思想：很多时候，我们总会受到外在环境的影响，夏天越来越热，蚊虫越来越多，有了榄菊他们就不用再受蚊虫的困扰。作品以插画海报的形式生动、幽默地展现作品"有蚊虫，用榄菊啦"的主题。

字融合在成语中，引领了整幅画面。通过解构以及谐音替换可以体会到后现代艺术的部分表现形式，方法简单但不失细节，创意十足地表现产品效果、展示汉字的艺术。

2210年，世界将会怎样？《蚊子灭绝背后的秘密》（图2-34）描绘出一幅未来的画面：2210年后蚊子灭绝，蚊子的化石被珍藏在美术馆，灭绝背后的秘密便是榄菊驱蚊产品。榄菊变成蚊子这种生物灭绝的"罪魁祸首"，反向传达榄菊产品的效果极佳。

图2-33

《榄菊的文字力量》

创意思想：以文字的形式表现榄菊的功效。

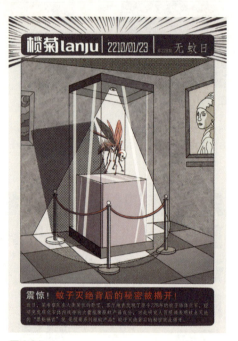

图2-34

《蚊子灭绝背后的秘密》

创意思想：采用报纸的形式，立足于榄菊驱蚊产品功效，旨在突出榄菊系列产品对蚊虫的杀伤性之强，运用夸张的手法、鲜明的色彩表现产品特性。

《既来之，则安之》（图2-35）令人印象深刻。画面上有三副棺材、三种害虫，大胆地暗喻"遇到榄菊，全都R.I.P"。强烈的敏感元素，协调的色调，画面既诡异又和谐。作品表达了对蚊子痛恨的同时，还体现了榄菊对于蚊虫的极大杀伤力，让消费者对榄菊的功能有了更深刻的理解。用简单的素材配以强烈的讽刺，传递出产品特征，是后现代文化一种独特的表现形式。此类作品既新颖又独特，更易给观众留下印象，可以实现不错的广告宣传效果。

《榄菊驱蚊，理所当然地简单》（图2-36）突出色彩对比、元素重复的特点，两幅作品背景都运用了重复铺开的蓝色蚊子图案。左图对应文案"磁场排斥"，以电蚊香液为磁体中心，红色的"磁感线"呈圆形向外辐散。右图对应文案"水油排斥"，以花露水为中心，同样运用红色系线条向外层层扩散，把榄菊驱蚊于无形用物理学的方式巧妙呈现，看似抽象却有理可循。这种利用创意指代方式以及撞色图形线条的美学呈现都是后现代文化的表达方式，同样传递了"有榄菊在，驱蚊就像物理现象一样简单"的理念。

图2-35
《既来之，则安之》
创意思想：以棺材的形象暗喻害虫的葬身之地。

《解放》（图2-37）玩转重复搞怪的素材，向消费者传达"有蚊虫，用榄菊"的认知。想要解放双手不再去拍打蚊子，解放双耳不再听蚊子嗡嗡，解放双眼不再跟着蚊子转圈，就用榄菊啦！"解放双手，用榄菊啦！"八个字的文案既简单又朗朗上口，配合重复的画面，很容易形成记忆点。每组重复素材的最后一个格子内便是用榄菊的结果：不用再拍蚊子、不用再被烦扰、不用再"眼部运动"。搞怪的表现形式有效地提高了榄菊品牌的认知度。

《智能时代高效灭蚊法》（图2-38）配色简洁干净，剪贴画的设计充满趣味。左图中，人物头像哭泣，打在脸上的红色巴掌印与背景色融为一体，却是无效驱蚊，突出榄菊灭蚊灯轻松高效的特点；右上图中，人物头像夸张流泪，绿色的背景中重复出现的波浪形元素就像是空气中刺激的味道，反向传达榄菊灭蚊灯不刺激的特点；右下图中，人物头像像是被电晕，头发也立了起来，表示榄菊灭蚊灯更加安全。

品牌创意案例教程——以榄菊为例洞察中国企业品牌年轻化之路

图 2-36
《榄菊驱蚊，理所当然地简单》
创意思想：榄菊驱蚊，无形的力量一般，就如物理学一样。

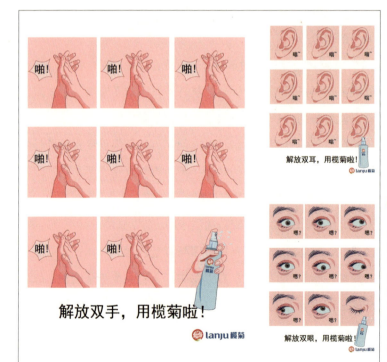

图 2-37
《解放》
创意思想：设计来源于找蚊子、打蚊子过程中的痛苦，找蚊子和打蚊子时，让人痛苦不堪，抓耳挠腮。而在使用榄菊产品后，手、耳朵和眼睛得到"解放"，反映了榄菊产品的重要性。

图 2-38
《智能时代高效灭蚊法》创意思想：时代的改变导致我们对产品有了更高的要求。智能灭蚊灯是以往驱蚊产品的升级版，通过对比，突出智能灭蚊灯同时解决了低效、刺激、触电等一系列问题，进一步突出智能灭蚊灯的三个特点：轻松搞定更高效、不刺激更健康和物理灭蚊更安全。

《灭嗡计划》（图 2-39）结合当下的部分社会现象，以文字形式表达出年轻人对于这些问题的态度。左图中，女孩对于女性婚姻、生育问题的"关心"，一个"哦"字结束话题，表达掌控自己人生主动权的态度。右上图中，男孩对于职场、恋爱问题的议论，一个"哦"字结束局面，展示自己的能力与个性。右下图中，女孩对于凡尔赛的"精彩"，一个"哦"字结束对话，活出自己的精彩人生。身穿蚊子印花的人说出的话也如蚊子"嗡嗡"一般令人不适，面对他们最好的问候或许就是"你知道榄菊吗？"。通过这种拒绝传统认知、真实表现态度的方式拉近与年轻消费者之间的距离，传达出榄菊品牌更懂年轻人的理念。

《我的童年回忆（流行版）》（图 2-40）从经典香港影视剧和歌曲中汲取灵感，改编《读心神探》台词"Sorry,有钱真的可以为所欲为"和《半斤八两》歌词"我哋呢班打工仔一生一世为钱币做奴隶"。同样，两张海报里的人物也取自剧中角色和歌曲封面人物，让受众忍不住用独特腔调念出或唱出上面的文字。虽是恶搞但还是有效地传达了"有蚊虫,用榄菊啦",给品牌增加了年轻活力。

图 2-39
《灭嗡计划》
创意思想:身边有蚊虫,用了榄菊,就像用一句话把那些烦人的话怼回去一样有效。用了榄菊,从此,再也没有生物在我身边"嗡嗡嗡"了。

图 2-40
《我的童年回忆(流行版)》
创意思想:榄菊产品以及香港电视剧是许多广东人的一代童年回忆,作品将榄菊产品与香港电视剧中有名的台词结合,融入热词元素如半斤八两、为所欲为表情包等,以直观、幽默的方式传递榄菊的品牌精神。

《榄家三霸王》（图2-41）运用像素化和替换文字的风格展示榄菊的产品功能特性。三幅作品分别将蚊香、花露水、电蚊拍像素化：冒烟的蚊香像素块封存杀灭蚊子，"默默无蚊"四个字突出蚊香的产品特性；喷出的花露水将蚊子"困"在其中，"身无分蚊"凸显花露水的功效；闪光的电蚊拍有效灭蚊，真正做到了让蚊子闻风丧胆。像素风看起来简单，但在年轻人中反复回潮。这样的艺术形式有利于拉近榄菊品牌与年轻人之间的距离，为品牌注入新活力的同时传递"有蚊虫，用榄菊"的认知。

图 2-41
《榄家三霸王》
创意思想：利用榄菊三种不同产品驱蚊的特点展开构思，用简洁的画面和语言来表现。

《给蚊子的一封信》（图2-42）通过一封花露水写给蚊子的情书，不难看出这注定是一场"悲剧"。花露水初见蚊子便一眼沦陷，释放到空中却与蚊子永远分离。作者运用拟人的手法，从花露水的角度讲述了这场邂逅，突出榄菊花露水的产品效果。新奇的角度、注定是悲剧的故事都是后现代文化的表现形式。这样的文字表达更具几分戏剧色彩，让人忍不住浮想联翩。突破常规的方式更加符合年轻人对于“出其不意”的好奇。

K-d10520211866179

亲爱的蚊子：
你好！
我是花露水，
你记得我们有多久没有见面了？

自从主人把我买回来，
你就再也不露面了，好像彻底消失了。

难道你就一点也不想念我吗？
我还未开封时，看到你在空中飞舞的样子，就很是喜欢。

可是，当我被主人释放，
学习着你的模样，也在空中飞舞时，
就再也看不见你跳舞了。

想念你的一百零一天，
期望在我过期之前，能再次见到你！

图 2-42

《给蚊子的一封信》

创意思想：以榄菊花露水的口吻，给蚊子写一封信。突出榄菊产品的灭蚊功效，既有趣味，也让消费者了解榄菊的产品功效。

《大话灭蚊之悔忆录》（图 2-43）改编自《大话西游》。至尊宝与紫霞仙子的这段台词堪称经典，两人这份错过又令人追悔莫及的爱情在这里变成了“我”与榄菊的“虐恋”。如果再给“我”一次重新来过的机会，面对蚊子“我”一定会勇敢地拿起榄菊，对榄菊的需要期限就是每个夏天。这种改编自经典但又情节合理的作品逐渐成为创作的新风向，表现出年轻人对于经典的热爱，经典更容易引起大众的共鸣。

《再别榄菊》（图 2-44）是一篇基于《再别康桥》进行改编的文案，属于典型的后现代解构主义作品。以榄菊作为第一人称，写了这封给蚊子的诗。细品文案，“嗡嗡的你来了”“带走了你的一家”等有趣的改编，既诙谐又形象。诗中的多处对话，都体现了榄菊对待蚊虫的致命打击。颇具内疚而又得意的榄

第二章　洞察决定创意

曾经，有一次消灭蚊子的机会摆在我的面前，我没有珍惜。等到蚊子飞过来咬我的时候才后悔莫及，大夏天最痛苦的事莫过于此。如果榄菊可以给我一次重新来过的机会，我会对它说四个字：我需要你。如果非要把这份需要加上一个期限，我希望是每个夏天！

图 2-43
《大话灭蚊之悔忆录》
创意思想：结合耳熟能详的热点网络化语言，宣扬产品特性的同时，加深受众的品牌记忆，进而产生二次传播。

《再别榄菊》
嗡嗡的你来了
正如我轻轻地燃
我洒一缕青烟
晕头转向是你

那卧室的寂静
是你打破的
你那撕心裂肺的嗡嗡声
在我耳边回荡

那床沿上
是你黝黑的身影
为这一夜安详美好
我甘心做一缕青烟

那屋顶的一团
不是污渍
是你
是你围成的一团
惦记着的一个好梦

寻梦？拉起一阵嗡嗡声
向床帘飞来
向我耳边飞来
在夜阑人静里放歌

但我不能作罢
我悄悄燃着躯干
待你嗡嗡地来
我为你白布遮颜

悄悄地我燃了
正如你嗡嗡地来
我洒一缕青烟
却带走了你的一家

图 2-44
《再别榄菊》
创意思想：改编自《再别康桥》，以幽默故事、简单拟人的方式体现主题——"有蚊虫，用榄菊啦！"其中，"待你嗡嗡地来，我为你白布遮颜"很好地诠释了这一主题。居家必备，首选榄菊！

菊的形象跃然纸上，既凸显了榄菊幽默的品牌理念，又侧面突出了榄菊对付蚊虫强劲有力的效果。

# 第二节 "00后"的创意策略洞察及创意解码

## 一、共情创意策略及案例解读

### 1. 共情策略概述

想要说服别人，一定要讲清楚事实和道理。理论与实践表明，纯粹的"讲理"难以打动如今情感充盈的大众。因此，广告创意想要产生强大的吸引力，仅凭摆事实、讲道理和天马行空的想象力是远远不够的，需要认真倾听消费者的心声，与消费者的情感世界沟通，成为他们的知心朋友，即共情。

共情营销是一种连接营销人员和消费者最有效的方式，它以数据为基础，用情感、文化、价值观与消费者建立联系，提高用户黏性，帮助企业发掘消费者的潜在需求，以此获得更高效的营销战略。

由于网络技术的高速发展，很多企业过于依赖大数据的整合分析，从数字中找到客户群体，挖掘消费者的动向。虽然从数据中可以找到规律从而制订营销计划，但数字毕竟是冰冷的、理性的、没有感情的，更无法让我们走进消费者的内心世界，去倾听客户的故事。而这些潜在因素，是制定成功营销战略或选择正确创新方案的关键。

营销需要共情，它是制定营销战略的基础。要想做到与消费者共情，就必须浸入消费者的世界中，不仅要想象消费者如何思考问题以及对各个话题的感受，还应该切实地把自己置于消费者的位置。

如何做好共情营销？以客户为出发点，有了正确的思考顺序，最终才能得到想要的结果。

（1）要以让客户得到幸福为出发点去思考问题，以客户为中心。

（2）为了让客户得到幸福，我们可以提供什么。

（3）把可以提供的东西以可视化的方式呈现出来，进行营销宣传。

### 2. 共情创意案例解析

铜奖作品《你可闭嘴吧》（图 2-45）从情感入手，包含两层含义：其一是榄菊产品可以让蚊子"闭嘴"，强调榄菊产品的驱蚊功能；其二是结合当下社会现状，呼吁消费者在充满不同声音的社会可以对其他人说"闭嘴"，从而找到属于自己内心深处的声音。作品宣传产品的核心功能，除满足消费者的理性诉求之外，还洞察消费者的情感痛点，使之产生情感共鸣，从而满足消费者的感性诉求。《你可闭嘴吧》以第二人称的口吻，加强了产品与消费者的交流。

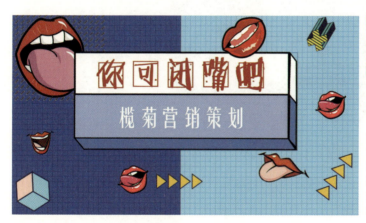

图 2-45
《你可闭嘴吧》
创意思想：在夏天使用榄菊让蚊子闭嘴，在这个充满不同声音的社会中找到属于自己内心深处的声音，勇敢做自己，勇敢地对外界干扰说闭嘴。

《杠精清除计划》（图 2-46）洞察到当代青年讨厌被"杠精"所影响，追求没有"杠精"的自在生活。蚊子夜以继日地攻击，使人心烦意乱，从而影响生活和工作，同样也是一种"杠精"。作品通过三个阶段的营销策划，线上线下联动，分别达到品牌触达、品牌互动、品牌渗透的目的。选择年轻人使用率高的平台，在网易云音乐、抖音引出话题，与消费者进行交流与互动。

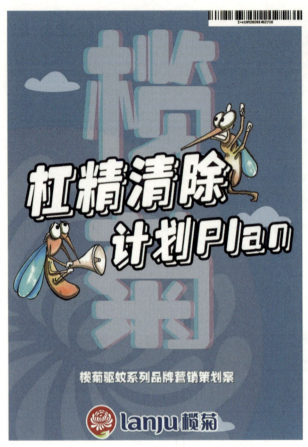

图 2-46
《杠精清除计划》
创意思想：作品围绕"驱蚊这件事"开展营销策划活动设计，通过将"杠精"与蚊子进行类比，结合消费者驱蚊需求较为强烈的生活场景开展营销，向消费者传递"拒绝杠，自在活""美好生活有榄菊相伴"的生活理念，增进品牌与消费者之间的情感联结。

　　《大胆秀出你的美！》（图 2-47）从人们的经历感受入手，旨在引起女生害怕被蚊子叮咬的共鸣。因为被蚊子叮咬后身上会留下红肿的包，所以"不敢露出如玉香肩""不敢伸出纤纤素手""不敢秀出性感细腿"。作品抓住上述心理，针对女生害怕被蚊子叮咬的共同特点，由此引起目标人群的情感共鸣。榄菊能够解决画面中表现的问题，让目标人群不用遮掩，在盛夏时节也可以大胆展现自己的美丽。榄菊就是要让消费者告别这些不愉快的经历。

　　《无需十八般武艺，一瓶榄菊就足够》（图 2-48）是由实景拍摄加后期处理而成，三幅图片表现了不同的场景，但都表现出在驱蚊时使出的各种奇招，恨不得有十八般武艺的人们，与身边只要有一瓶榄菊就能解决蚊虫问题的人们形成了鲜明对比。作品正是洞察到人们驱蚊时的行为与心理，用形象、有趣的方式表现出来，使大众产生共鸣，能够代入自己平时驱蚊的状态。这样可以使品牌与受众进行情感交流，提高品牌的用户忠诚度。

图 2-47
《大胆秀出你的美！》
创意思想：作品为三张系列海报，通过表现女生们终于可以大胆露出如玉肩膀、纤纤细手、性感美腿这些容易招蚊子叮咬的部位，说明有了榄菊，美丽再也不用躲躲藏藏。

图 2-48
《无需十八般武艺，一瓶榄菊就足够》
创意思想：作品以当代年轻人在生活中最常遇到蚊虫的场景为主，列举"睡觉""工作""外出游玩"遇到蚊虫时的表现进行创作，用身处平行空间的两个人物应对蚊子的方法突出榄菊产品防蚊驱蚊的功效，同时突出了作品的主题。

《没有榄菊，你的夏夜还好吗？》（图 2-49）用夸张的漫画形式来表现人们被蚊子叮咬时的内心想法与活动，用流行的话语与画面表达人们被蚊子叮咬时的愤怒。以对话方式将蚊子拟人化，创意别出心裁。新颖和形象的展示能够更加吸引年轻群体的注意。此创意使品牌与消费者的情感之间形成一条连接带，品牌与消费者共情共感。

图 2-49
《没有榄菊，你的夏夜还好吗？》
创意思想：没有榄菊，夏天的蚊子肆无忌惮。

## 二、功能创意策略及案例解读

### 1. 功能策略概述

在功能营销中，"功能"强调商品相对于消费者，基于其独特物质属性的使用价值。功能营销中的功能是商品与物质属性直接关联的使用价值，并不包括商品超越物质属性的文化、心理意义上的额外价值。功能营销是东方营销学四大营销范式（功能营销、质量营销、心理营销、伦理营销）中的一种。

例如，在西班牙布尼奥尔镇"番茄大战"中，番茄的使用价值就不是功能概念的含义。在狂欢节上，番茄被人们当作相互攻击的"武器"。番茄自身特有的物质属性（口味酸甜等）并不直接产生其作为武器的使用价值。但在"番茄大战"中，番茄的这种特殊使用价值已经被人们进行了超越物质属性的文化心理性处理。

人们总是被自身的物质欲望驱使而生存，功能营销针对的就是这一特点。所以不管社会是向前发展还是向后倒退，功能营销始终是必需的。

功能营销的具体操作模式有：①功能创造模式，是现实的或潜在的物质需求的新满足，创造的是产品，而不是需求。②功能优化模式，强调特定产品功能无限接近人们的希望。

功能营销可以说是营销战略课堂的第一课，无论是新品牌还是经典品牌，功能营销都是基础操作。只有打好地基，才能建好自己的战略金字塔。

**2. 功能创意案例解析**

《蚊虫的禁忌之地》（图2-50）中"闻得到"三个字表明用榄菊花露水，可以闻到好闻的味道；"蚊不到"三个字表明使用榄菊花露水不会再被蚊子叮咬。巧妙地利用"闻"和"蚊"这两个同音字，短短六个字，就讲清楚了榄菊花露水的核心功能，使消费者能够快速理解。以尽可能少的语言和文字表达出精髓，字字珠玑，实现高效的信息传播。简练的文案有助于吸引受众的注意力，使受众迅速回忆起广告的内容。

《除蚊记》（图2-51）采用传统漫画形式将榄菊化身为壁虎和青蛙，壁虎和青蛙是大众公认的以吃蚊子、苍蝇等昆虫为生，且对人们生活有益无害的动物。将榄菊与壁虎、青蛙类比，不仅传递出榄菊驱蚊的功能，就如同家中有壁

闻得到，蚊不到。——榄菊花露水

图 2-50
《蚊虫的禁忌之地》
创意思想：使用榄菊花露水后，闻得到的是花露水的清新香气，留有花露水香气的皮肤是蚊虫不敢靠近的禁忌之地，谓之"蚊不到"。对仗工整的短句使得文案易于记忆，同时又体现了榄菊花露水的驱蚊功效。

虎和青蛙一样；而且也从侧面说明榄菊对人无害、健康环保的特点。就像作品中呈现的，榄菊可以为人们驱除蚊虫，帮助人们进入甜美的梦乡。

图 2-51
《除蚊记》
创意思想：设计来源于蚊虫的天敌——壁虎和青蛙，它们专吃这些蚊虫，本身对人无害，反映了蚊香可以安全灭杀蚊虫的特点。

《去虫》（图 2-52）突出的卖点是"榄菊可以驱虫"。作品十分简洁，画面中央呈现一个田字格，其中的文字应该是"蝇""蛾""蚊"，但左侧的"虫"

图 2-52
《去虫》
创意思想：作品使用苍蝇、飞蛾和蚊子中的"蝇""蛾"与"蚊"三个汉字，将"虫"字去掉，寓意榄菊驱蚊虫的效果极强。

字部首是空白的。再配以文案——“不用知道‘虫’子去哪里了”，一目了然，表明榄菊的驱虫功能。具有创意的文字游戏的表现形式，不仅快速、简单地传达了产品卖点，而且比较有趣，更能吸引消费者的眼球。

《时间》（图 2-53）从受众的理性诉求出发，描述了普通的驱蚊方法与使用榄菊时间上的差异。平时驱蚊的过程用文字以及精确的时间刻度描述为抱怨、瞄准、拍死、洗手，一共需要 71 秒才可以消灭一个蚊子，而使用榄菊驱蚊只需要 2 秒。作品以极其理性的思路，鲜明、直观地表现出榄菊驱蚊的“快”。把“快”这种看不见、摸不清的性质以时间将其可视化、可感知，明确地传递出产品卖点。

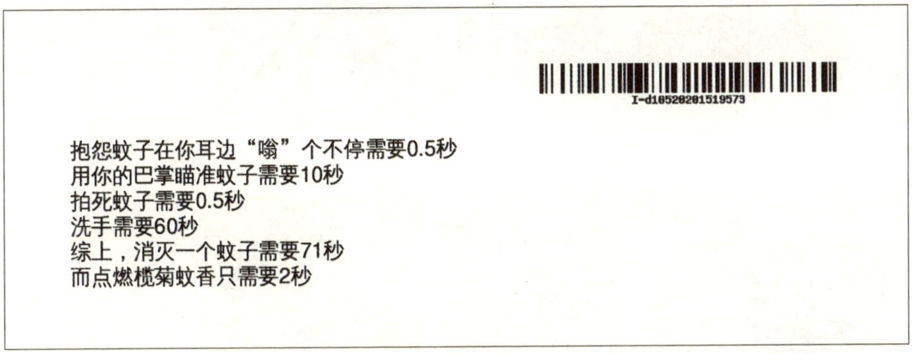
I-d18528281519573
抱怨蚊子在你耳边“嗡”个不停需要0.5秒
用你的巴掌瞄准蚊子需要10秒
拍死蚊子需要0.5秒
洗手需要60秒
综上，消灭一个蚊子需要71秒
而点燃榄菊蚊香只需要2秒

图 2-53

《时间》

创意思想：运用点蚊香前后的时间对比凸显榄菊蚊香的价值。

铜奖平面作品《“除蚊”功夫秘籍》（图 2-54）从榄菊的“好使”“高效”“实用”三个功能特点出发，用漫画的形式，把它们转化成“弹指神功”“一阳指”“如来神掌”这三个人们耳熟能详的武林秘籍。把冷冰冰的特点转换成鲜明、灵活的形象，使受众更加理解广告想要传达的信息，接受度也会更高。用除蚊秘籍的形式，结合文艺作品中的经典形象，更加贴合年轻人群的喜好。

《一只蚊虫都不留》（图 2-55）把榄菊化身成为手枪、弓箭，体现出榄菊驱蚊精准有效的特点。简单的画面配以“一只蚊虫都不留”的广告语，直观有

图 2-54
《"除蚊"功夫秘籍》创意思想：根据榄菊"源自植物力量"的主题进行创作，使"植物的力量"具象化，利用植物、手、武林秘籍等元素传递榄菊国货、幽默、健康、植物的力量等品牌调性。

图 2-55
《一只蚊虫都不留》创意思想：从驱蚊、灭蚊的角度出发，采取受人喜爱的、幽默的创作形式，通过强烈、幽默的视觉画面提升大众对榄菊品牌功能性的认知，从而给人留下深刻的印象。

力地传达了产品卖点。这种简洁的表现形式在信息爆炸的今天，能够快速抓住消费者的目光，从而大大提高广告的传播效率。

## 三、情感创意策略及案例解读

### 1. 情感策略概述

情感营销是指根据消费者群体的情感和需求进行差异化，挖掘其情感、情绪等心理因素，满足其深层次的诉求，赋予产品情感过程的营销策略。美国的巴里·费格教授最早将情感引入营销理论中，他认为形象与情感是营销世界的力量源泉。

提到情感营销，往往可以听到不同的声音。有人认为，这种营销方式无非就是要通过煽情来引发关注；还有人认为情感营销只是大品牌的专利，中小品牌这样做，只会妨碍消费者对品牌定位的认知；除此之外，有人认为情感营销虽然有用，但它只是一种补充型策略，不能作为品牌增长的关键手段。这些观点都是站在某个特定角度来看待情感营销的，对于情感营销的作用与类型，不能一言以蔽之。

情感营销中最常见的类型有以下五种：

（1）用感性化的内容表达品牌的核心价值，从而建立品牌的认知优势。

（2）将产品作为表现价值主张的道具，借助消费者对品牌价值主张的认可促进销售。

（3）通过"借景生情"的方式诠释产品的功能价值。

（4）洞察客户的某类情感需求，让品牌与此类需求建立关联，从而间接拉动销售。

（5）运用移情的手法优化品牌形象，提升品牌好感度。

### 2. 情感创意案例解析

《蚊子日记》（图 2-56）由三张漫画风格的图片组成，以蚊子的视角，讲述蚊子的心路历程。文体采用网络热门形式，把蚊子的爱而不得体现得淋漓尽致。左图表现出因为榄菊，蚊子无法靠近"你"；右上图表现出在深夜蚊子因为饿所以想"你",但因为榄菊的存在无法达到目的;右下图表现出蚊子随时随地跟着"你",但因为有了榄菊,蚊子跟着"你"也是无济于事。这种以蚊子视角的表现形式很有意思地表达了蚊子对人们深深的"爱",极具创意,符合年轻群体的喜好。

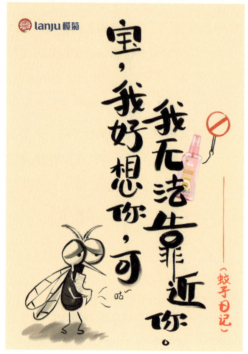

图 2-56
《蚊子日记》
创意思想:表达出蚊子因为榄菊而无法靠近我们的卑微心声,体现出榄菊的持久功效和驱蚊力度。

《默默无蚊》(图 2-57)讲述了一个童年夏天的回忆,也是一个与奶奶之间的温情故事。回忆中夏天的梦里,用经常见到的一丛菊花和奶奶的蒲扇吹来的微风体现奶奶的爱,展现和奶奶之间的深厚感情。榄菊就像奶奶一样,默默无闻地守护着"我",将"贴心关怀"的情感融入产品之中,将榄菊品牌拟人化,符合年轻群体的喜好。

《成长路上,有爱,有陪伴,有榄菊》(图 2-58)以"成长路上,有爱,有陪伴,有榄菊"为核心,展开三幅成长路上的温情画面。三幅画面分别描述了妈妈对孩子的呵护、爸爸对孩子朋友般的陪伴、朋友之间纯粹的感情，而榄菊在其中承载着他们的成长，见证着他们的成长。将产品代入情感故事，通过"借景生情"的方式诠释产品的功能价值，这样的表现形式赋予榄菊感情和情绪，能够引起大众的情感共鸣，使大众对品牌印象深刻。

图 2-57
《默默无蚊》
创意思想：将榄菊的品牌调性结合"夏天的记忆""亲情"，深入大众内心，加强品牌渗透。

图 2-58
《成长路上，有爱，有陪伴，有榄菊》
创意思想：因为榄菊驱蚊产品的有效成分除虫菊酯来源于菊花，所以将菊花作为主体。榄菊作为家喻户晓的品牌伴随了很多人的成长，像父母，也像朋友，对我们无微不至地关怀，保护我们不受蚊虫的侵扰。

《告别尴尬，用榄菊！》（图2-59）抓住了人们被蚊子叮咬后留下红肿的包的尴尬情绪。画面表现了人物在做瑜伽、跳舞时的画面，本来是很美好的画面，却因为被蚊子叮咬产生的包而使得场面非常尴尬。画面整体色调以黑白为主，而在包的局部做了放大并且将其颜色调整为彩色，这样更加凸显了尴尬的情绪。榄菊的出现可以打破这种尴尬，所以引出广告语："告别尴尬，用榄菊！"尴尬的情绪在如今的社交中经常会发生，这组作品抓住这个点，直击人心。

图 2-59
《告别尴尬，用榄菊！》
创意思想：采用人们被叮到"尴尬部位"后"挠还是不挠"的困扰作为切入点，作品运用瞄准镜来表现被蚊子"瞄准"。黑白灰与纯色作为对比，突出被瞄准的视觉。从而强调："告别尴尬，用榄菊！"

《如果时间能重来，当初一定用榄菊》（图2-60）表现了女生在被求婚戴上戒指时，手指上因有一个被蚊子叮咬的红肿的包而产生的尴尬情绪。被求婚是许多女生一生中非常重要的时刻，如果这个时刻被破坏了，不只是会产生尴尬的情绪，更会有难以言说的难过。作品选取了一个很有新意的情境，以对比的方式突出榄菊产品的重要性。作品视角新颖，抓取点准确，直击痛点，能够有效地传播产品，并提升大众对品牌的好感度。

第二章 洞察决定创意

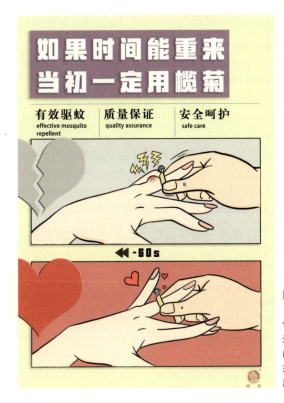

图 2-60
《如果时间能重来,当初一定用榄菊》
创意思想:作品为上下布局,锁定视觉焦点;选用柔和色系,有利于视觉享受;借助连环画的趣味形式,将因蚊虫叮咬手指肿大不能戴上戒指和顺利戴上戒指两幅画面进行趣味对比,展示榄菊有效驱蚊的功能。

## 四、故事创意策略及案例解读

### 1. 故事策略概述

随着数字时代的到来,营销进入"内容创意+技术传播"的全新时代。驱使消费者购买产品的动力,不仅是产品本身,更是这个产品或品牌代表的内在意义。叙事学研究表明,故事即叙事,是能产生意义的工具,围绕品牌向消费者讲述符合其世界观、价值观、人生观的品牌故事,能更容易获得消费者的情感共鸣。美国编剧教父罗伯特·麦基在《故事经济学》一书中,认为故事化品牌战略及打造故事化广告,就是要利用故事让消费者与企业或企业的产品、服务产生情感联结,从而对品牌产生认同,最终对企业的产品或服务进行消费。

故事可以是品牌的成长故事、员工故事、用户故事等真实故事,可以是根据已有的文艺作品故事改编而成的故事,也可以是全新创作的故事。不管是什么类型的故事,都要遵循以下五个基本原则。

(1)尽可能简单。在这个每天打开手机就有海量信息袭来的时代,人们每天接收的信息太多。人的精力有限,烦琐复杂的故事不易被人接收和接受。

(2)保证真实可信。如今的广告大多对品牌产品夸大宣传,但是这种自吹自擂的方式,会降低人们对品牌的信任度。品牌如果创造了虚假故事进行宣传,可能会有一时的收获,但最终会自食恶果。

(3)通俗易懂,具有感染力。加利福尼亚州神经经济学的研究人员发现,人们之所以天然地会对故事产生偏爱,是因为故事激活了人类大脑中的"爱情激素",它会使人感到兴奋、愉悦,通过故事达成的记忆也更持久,具有感染力的故事会使人产生共鸣,从而给人留下更深的印象。

(4)具有可持续性。"品牌故事的长度,决定品牌生命的长度",所以,品牌故事的可持续性,对品牌的发展非常重要。

(5)与企业的核心价值保持一致。故事的核心价值不能与企业的核心价值相悖。

### 2. 故事创意案例解析

《榄菊战诸妖(西游篇)》(图2-61)以《西游记》为基础,用漫画表现故事情节。以唐僧、孙悟空、猪八戒为主人公,他们使用榄菊驱魔打怪,配以画面中的文案解释,讲述了一个个鲜明的故事。这几个故事表明榄菊除魔的卖点。此外,使用传统文化元素的表现手法使得作品更加具有空间的层次感和立体的表现感。讲好故事,能够加深大众对品牌的认同感,也能进一步提升大众对品牌的理解层次。

《蚊子日报》(图2-62)以新闻的形式讲述了蚊子世界的故事,福尔蚊斯的殉职、多起离奇死亡案件、死亡蚊数不断上升,这一切的"罪魁祸首"就是榄菊。有意思的信息传播会让大众对广告的接受度更高,从而加强广告的传播效果。这种以蚊子作为第一视角讲述的故事比较新颖、有趣、好玩的创意表现符合年轻人的审美取向,更能体现品牌的年轻化。

第二章　洞察决定创意

图 2-61

《榄菊战诸妖（西游篇）》

创意思想：作品分别以唐僧师徒四人到女儿国后唐僧拿榄菊在蝎子精那里逃脱，孙悟空拿榄菊在黄花观击败蜈蚣精和猪八戒拿榄菊在盘丝洞击退蜘蛛精的故事，用更幽默、生动的手法让产品的广告传播最大化。

图 2-62

《蚊子日报》

创意思想：从蚊子的角度突出产品的强大。

《榄菊报纸海报》（图 2-63）以报纸为主要载体，讲述了两个新闻故事，分别是奸商案和弃婴案。作品中这两则新闻的主人公全都是蚊子。通过讲述蚊

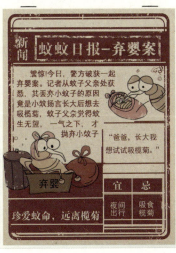

图 2-63

《榄菊报纸海报》

创意思想：通过模拟蚊子的社会生活，即蚊子自己出版的报纸进行海报设计。通过蚊子刊登的与榄菊有关的事件新闻，反映蚊子们对于榄菊的畏惧，体现榄菊的有效性。

子世界因为榄菊而出现的戏剧性故事，体现出榄菊对于蚊子的威力。把对产品的宣传融入有趣的故事中，可以引导受众的情绪，建立起与消费者之间的情感联结。

## 五、体验创意策略及案例解读

### 1. 体验策略概述

随着经济的高速发展、人们生活水平的提高，在21世纪的今天，市场经济从以商品与服务为主的时代，渐渐转变为以客户体验为主的时代。因此，许多品牌开始热衷于体验营销这一营销方式。体验营销是1998年由美国战略地平线公司的两位创始人提出的，他们对体验营销的定义是：从消费者的感官、情感、思考、行动和关联五个方面重新定义和设计营销理念。体验营销包括文化体验、环境体验、客户服务体验、情感体验等各种形式，不同的产品体验营销的侧重方式是不一样的。

与传统营销模式不同，体验营销是一种感知、记忆和回忆的知觉现象。它主要是为了刺激以及调动消费者的感性和理性因素来促进消费者购买的销售方式。为了达到销售目的，体验营销还会对消费者的状况进行研究分析，在此基础上利用多种手段增加产品的体验内涵，在给消费者带来心灵震撼的同时达成销售。体验营销关注的焦点不是商品或者服务的性能，而是以下几点。

（1）客户体验感知，即客户对商品或服务的感官、情感刺激，然后通过思考、关联、行动等来产生营销附加值。

（2）消费情景，也就是消费者购买前、中、后的情景体验，如购买香水前的试香体验、购买电子产品后的定期检查服务等。

（3）感性和理性的融合，体验往往是在消费者感性和理性的融合下，消费者在理性下感知商品或服务的功能和特点，同时在感性下体会品牌的情感并与之交流，由此通过娱乐、刺激、情感、创意等诱导消费者购买。

（4）体验工具和方法的多样性，利用不同维度的体验方式来吸引消费者，加强营销效果。

美国营销大师施密特在体验营销的研究中，根据消费者的情感参与程度和广度把体验分为由浅入深的五个层次，即感官体验、情感体验、思维体验、行动体验和关联体验。研究发现，体验越是能深入消费者、获得消费者的认同，就越能影响消费者的消费行为，让他们将品牌转换为自己生活的一部分，甚至成为一种生活习惯。

### 2. 体验创意案例解析

银奖作品《蚊抑青年》（图2-64）在人群推广方面细化到了广东及周边的年轻群体。在推广活动中，与广州空中步道合作推出"榄菊 × 小肥柴"联名盲盒，推出驱蚊手绳和驱蚊夹产品。此节点的活动充分考虑到受众的体验需求，因在疫情期间，人们更加偏好自然风光的出游，而驱蚊手绳和驱蚊夹的便捷性为游客带来了极好的体验。给受众带来良好体验是让受众对品牌更加信任的基石。因此，从受众的感受出发形成的方案，是更加成熟可行的。

图 2-64
《蚊抑青年》
创意思想：年轻人怎能因为蚊子而被影响工作、学习？榄菊助你抑制蚊子！借助广东年轻群体经常接触的平台，以创意互动焕新榄菊品牌形象，"卷"入更多的年轻消费群体。

《中式灭蚊灯》（图2-65）中，榄菊灭蚊灯兼具实用性和互动性，外观也符合年轻人的装饰需求。产品具有灭蚊、加湿、照明三种功能，蚊虫收纳器带有散味的小孔，为使用者带来方便。开关区别于当前流行的开关形式，做成复占的旋钮形式，可以增强与使用者之间的互动性，提高使用者的体验感受，可以让受众直观感受到品牌理念并对品牌产生较高的忠诚度。

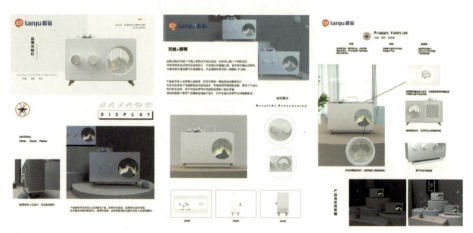

图 2-65
《中式灭蚊灯》
创意思想：这款灭蚊灯采用了方形的造型设计，并且加入山的元素，使得产品具有中式风格。传统的旋钮式开关，让产品更加具有古典韵味，顶部也是山的图案，打开后面的盖子便可以注水，产品不仅功能实用而且具有很强的装饰性，符合现代及未来年轻人的审美需求。想要吸引消费者的购买不仅仅要从产品功能下手，外观也是吸引眼球的一大要点。

《默默无闻榄大菊》（图 2-66）通过线下的闻香识榄菊、蚊子发泄馆等营销方案，让消费者亲身参与，加深对品牌的认知。作品通过与消费者的互动，提升用户黏性。在消费者的亲身感受中宣传产品特点，能够使消费者的印象更加深刻，从而提升对品牌的忠诚度。

《37 号蚊子黑洞》（图 2-67）设置了一个科幻背景，把榄菊灭蚊灯作为蚊子的黑洞。在营销推广方面，线上线下都十分注重用户体验。线上投放蚊子特工游戏，让用户在蚊子的视角下，利用蚊子的视觉，飞向热源和光源，游戏的形式让体验变得更加好玩。线下的 VR 体验馆更是让人身临其境，通过布置"37 号蚊子黑洞"的创意场景，让体验者能够直观了解灭蚊灯的作用机理。真正的体验使用户对品牌更加信任，能够提高用户忠诚度。

第二章 洞察决定创意

图 2-66
《默默无闻榄大菊》
创意思想：作品以"清香健康、自信生活"为核心理念，旨在将本款花露水推广到 18~35 岁年轻群体中。作品致力于用年轻人的创意视角和思维方式宣传产品，让"有蚊虫，用榄菊啦"的广告语变成大家遭遇蚊虫侵扰时的第一反应。

图 2-67
《37号蚊子黑洞》
创意思想：作品设置了一个科幻背景，营造了一个 37 号蚊子黑洞。

## 六、场景创意策略及案例解读

### 1. 场景策略概述

场景化营销是指针对消费者在具体的现实场景中所具有的心理状态或需求进行的营销行为，从而有效地达到企业的营销目标。场景化营销的核心应该是在具体场景中消费者所具有的心理状态和需求，而场景只不过是唤醒消费者某种心理状态或需求的手段。例如，吃火锅一般都是几个人围坐在一起，但随着消费环境和需求的变化，也出现了一个人吃火锅的场景，呷哺呷哺等火锅品牌就满足了这个场景的需求痛点。

场景，就是什么人在什么时间、什么地方，想要做什么事。在特定的时空和行为事件下，消费者一定会产生相应的需求，品牌就应该从这些特定场景入手去解决消费者的问题。场景需要考虑两个维度：购买场景和使用场景。购买场景又分为两种情况：①品牌想要开发一款新产品时，首先需要认真思考消费者在什么样的场景下，还有什么需求没有被很好地满足。②品牌已有的产品，该怎样更好地卖出去，在这种情况下，应该在制定具体的营销策划前分析消费者在什么情景下会购买本产品、驱使他们购买的动机和理由又是什么。

使用场景，顾名思义，就是你的客户是在什么样的场景下使用你的产品的。对于使用场景的考虑，做得好会提升消费者体验、提升口碑。例如，有一种剪刀，外观看起来没什么特别，但两片剪刀的连接扣比较特别，朝着相反的方向一扯，可以分开变成两把裁纸刀。而且，一只手的开合度是无法让连接扣分开的，由此保证了剪刀不会因轻易分开而伤人。类似的设计点都精准地抓住了消费者在使用场景下的需求和问题，从而成为让人满意的产品。

总之，场景营销具有明显的优势，越来越多的企业也在使用这种营销方法。通过场景营销，可以了解并满足消费者的需求，获得消费者的注意力，提升品牌的好感度与忠诚度。

### 2. 场景创意案例解析

《消灭尾随者》（图2-68）将蚊子在人们周边转来转去比作出门在外被尾随的场景，利用LED装置体现榄菊产品的驱蚊效果。当人们走过LED装置时，屏幕上会对应出现蚊子的影像，一直跟随着体验者，直到遇到榄菊，蚊子才被消灭。这种做法虽然很简单，却非常直观、简单地向体验者传达出了榄菊品牌的卖点。作品将榄菊产品的特点精准地转化成线下的鲜活场景，可以在极有限的时间内让体验者迅速记住并产生购买欲望。

金奖作品《做个"撕蚊"人》（图2-69）以快闪公厕作为产品的宣传渠道。推广形式选取了公厕，场景虽然搞怪，但是很符合榄菊产品的调性。因为蚊虫的骚扰，夏天上厕所变成了一令人很不愉快的事，但是有了榄菊，就可以解决

图2-68
《消灭尾随者》
创意思想：每个人都有被蚊虫叮咬的烦恼，可恶的蚊子就像尾随者一样，寻找机会叮咬，传播病毒，危害我们的健康。榄菊产品可以有效地消灭尾随者。

图2-69
《做个"撕蚊"人》
创意思想：夏天热得令人暴躁？蚊子叮得令人抓狂？忍不了，用榄菊！做个"撕蚊"人。

这一问题。作品通过对公厕的包装，营造一个整洁、无蚊的环境，从而使人们将对环境的好感转移到品牌上，提高了品牌的知名度。场景营销与品牌产品高度契合，可以使传播力度最大化。

银奖作品《榄菊，就是安全感》（图2-70）以小清新的画风，描绘了小孩子的快乐、女性夜晚的休息、老人的休闲时光这几个场景。描绘的场景本应是安心舒适的，但如果有蚊子的侵扰，就会变得很糟糕。榄菊就是保护这几个场景的安全网，画面中的插画场景置于榄菊喷雾喷出来的水珠中，表明榄菊轻轻

图 2-70
《榄菊，就是安全感》
创意思想：从小孩子到老人，都会受到蚊虫的烦扰，不论是玩乐，还是乘凉、睡觉，只需要轻轻一喷榄菊驱蚊液，就像进入了榄菊的保护罩，不会再有蚊虫叮咬的困扰。

一喷,就可以保证舒适、安心。把产品放置于常见的生活场景中,让消费者能更好地理解广告要传递的信息。

银奖作品《低头一族》(图2-71)将场景放置于新闻播报中。作品讲述了主持人在公园采访疑似做早操的年轻人,但这个年轻人居然不是在做操,而是在等人。视频中把平时人们驱赶蚊子的动作夸张表现,看起来像是在做操,创意新颖有趣。此外,将此创意以播报新闻这一载体呈现,创意十足,风趣幽默的视频风格受到很多年轻人的喜欢。

铜奖作品《用榄菊,开心一夏》(图2-72)采用色彩对比强烈的漫画形式,分别描述了三个场景:炸毛的夜晚、痒痒的感觉、春游的环境。在这三个场景下,榄菊可以发挥的作用有:守护炸毛的夜晚、结束痒痒的感觉、站岗春游的环境,明确表达出榄菊的功能特点,画面及色彩强烈的对比给人以冲击力,使受众能更好地理解广告用意。选取日常生活场景,让人们更有代入感,从而产生共鸣。

图2-71
《低头一族》
创意思想:作品以掌声为创意点串联整个视频,以记者采访当地爱晨运的年轻人对于低头一族的看法,与周围低头玩手机的群众形成对比,并慢慢推向高潮,最后的打脸声引出谜底,形成反转。

图 2-72
《用榄菊，开心一夏》
创意思想：蚊子是每个人的困扰，它们无处不在，所以更需要榄菊无时不在的守护，只有如此，心情才会愉悦，生活才会美好。

## 七、文化 IP 策略及案例解读

### 1. 文化 IP 策略概述

IP 即 "Intellectual Property"，意为知识产权，原指权利人对其创作的智力劳动成果所享有的财产权利。随着以 "90 后" "00 后" 为代表的 Z 世代群体崛起，通过类型化、标签化形成的亚文化圈层正在不同的领域萌芽、成长。文化 IP 将以其高辨识度、好玩有趣、个性鲜明，有态度、有观点、有价值观的特征大放异彩。

如今，越来越多的企业热衷于打造自己的文化 IP 来为企业形象代言，输出品牌理念与文化。文化 IP 有以下三个特点。

（1）高辨识度。高辨识度是高价值文化 IP 存在的关键载体。高价值文化 IP 通常有着与众不同的外在表现形式，它们或清新唯美，或雍容华贵，或曲婉灵动，或大气磅礴。人们对于文化 IP 的路转粉往往始于颜值。高价值文化 IP 的形象、语言或故事等，往往能被受众一眼识别，具有强大的吸引力。

（2）好玩有趣、个性鲜明。好玩有趣、个性鲜明是高价值文化 IP 的性格特征。好玩有趣体现在：①幽默感，可让人们嘴角上扬，捧腹大笑。②新奇度，可满足人们的好奇心、求知欲。③游戏趣味，可使人解乏消遣。在当前社会泛娱乐的趋势下，好玩有趣的文化 IP 可有效满足人们对精神文化消费的需要。但与此同时，高价值文化 IP 也可以是严肃的、独特的、个性的，这是人们渴求提升文化品位的表现。

（3）有态度、有观点、有价值观。有态度、有观点、有价值观是高价值文化 IP 的内核，是灵魂，可引人关注并形成回味张力。在文化 IP 营销中，情感营销的共鸣效果最强，而深层次挖掘人性深度和提升思想高度可以提高粉丝对文化 IP 的认同感，跨越时代边界，超越民族界限，甚至引发全人类的共鸣与思考，形成文化现象。

总而言之，文化 IP 营销有许多好处，想要做好并非易事，需从上述三方面逐个击破，打造专属于企业的文化 IP。

### 2. 文化 IP 创意案例解析

《蚊子，逃不出我的法宝》（图 2-73）把榄菊蚊香和中国传统文化元素相结合，将榄菊蚊香表现为构成宝葫芦、乾坤袋、镇妖塔这三种中国传统文化中的宝物形象的一部分。而宝葫芦、乾坤袋和镇妖塔是在中国神话故事中具备制服、压制功能的法宝，体现出榄菊蚊香的威力强大，让更多的消费人群对品牌产生强烈的认同和共鸣，可以提升目标消费人群对品牌的忠诚度。

银奖作品《榄菊杀蚊——快！准！狠！》（图 2-74）借用中国武侠小说中的文化形象来体现榄菊产品的特点。把榄菊比作小菊飞刀，体现榄菊驱虫的"快"；比作六脉神菊，体现榄菊驱虫的"准"；比作小菊不败，体现榄菊驱虫的"狠"。与武侠文化元素结合，更能体现出快意、侠气的风格，与榄菊的驱虫特性比较贴合。使用文化 IP 让品牌更加鲜活，让受众更加有代入感。在传达榄菊功能的同时，也能赋予品牌更多传统的温度与底蕴。

《榄菊大辞典》（图 2-75）以成语为载体，巧用已有成语，加以改编，创造出符合榄菊产品卖点的成语。画面简洁，由成语、释义、例句组成，三个成语分别是无"蚊"问津、先发制"蚊"、目中无"蚊"。虽然此类创作思路在参赛作品中比比皆是，但是这组作品把创作的成语归为"榄菊大辞典"，这就给榄菊品牌创作了一个 IP 形象。辞典可以一直作为榄菊的 IP 形象进行各种衍生创作，发挥空间很大。不过，作品没有把"榄菊大辞典"形象化，只有意象，略显遗憾。

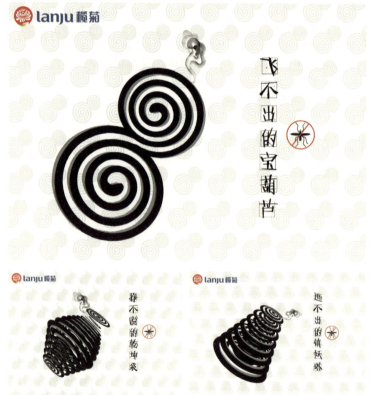

图 2-73
《蚊子，逃不出我的法宝》
创意思想：作品将蚊香变形成为各种法宝的形状，将蚊子收入法宝之中，逃不出、躲不开，意在说明榄菊蚊香的威力强大，能让蚊子无处可逃。

《榄菊哦》（图 2-76）通过改编热门歌曲《Mojito》，将榄菊的产品特性表现出来。将对产品的宣传融入流行歌曲，流传性强、朗朗上口，可以使传播范围更广，而且原歌曲的流行程度高，二次创作的作品能够受到更多的关注和流量。借助已有的流行文化元素进行加工创作，不失为进行品牌推广的一条捷径。

第二章 洞察决定创意

图 2-74
《榄菊杀蚊——快！准！狠！》
创意思想：从榄菊杀蚊驱蚊的功能出发，结合武侠人物和武功，融入产品调性，突出榄菊杀蚊快、准、狠。

图 2-75
《榄菊大辞典》
创意思想：改变及重新定义三个人们熟知的成语，并在画面中辅以枕头、拳击手套、西瓜，表现榄菊三款驱蚊产品各自的功效。

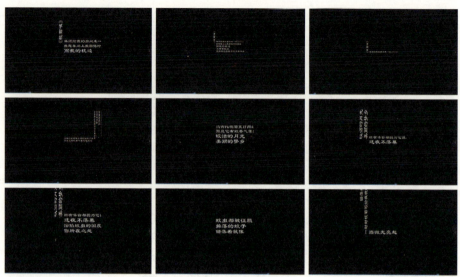

图 2-76
《榄菊哦》
创意思想：借助音乐将榄菊的产品优势及功效突出出来，通过改编歌词增加视频的趣味性，同时契合了原歌曲的意境。

# 第三节 "00后"的视觉创意表现洞察及创意解码

## 一、色彩创意

平面广告中的三大基本要素是色彩、图形和文字。人的视觉特征决定色彩是人由远及近看到的第一要素，所以色彩成为最能吸引人的注意力、最能突出风格的因素。同时，由于色彩承载着人们丰富的情感，它也更具有感染力，更能引起人们的共情，达到宣传的目的。

平面作品中对于色彩的运用需要了解以下几种色彩原理。

### 1. 色彩的明度

色彩的明度决定着整个画面的调性，也决定着观众第一眼对作品的总体认知。一般来说，明度高的平面作品会给人以活泼、明艳的感觉，更能吸引人的关注，而明度过低的色彩搭配则会让人感到沉重、严肃。色彩的明度需要进行适当的组合，如果一个作品的色彩过于艳丽或过于灰暗，那么整个作品便会显得毫无重点、杂乱无章，会降低对观众的吸引力。

### 2. 色彩的纯度

色彩的纯度是用来表现色彩的鲜艳和深浅的标准。从视觉上来说，纯度高的色彩明亮显眼，可以引起视觉的兴奋；纯度中等的色彩温和，会让人心情放松；纯度低的色彩会比较暗淡，会产生一种沉着、冷静的视觉效果，更加耐看。

### 3. 色彩的对比

不同的色彩在搭配的过程中会形成对比，根据色彩的色相、明度和纯度的不同，产生的对比效果也不尽相同。在选择色彩时，要准确把握色彩的明度对比、纯度对比、冷暖色对比等，使得画面达到和谐统一、富有层次感的效果。

色彩的组合和搭配能够充分传递出作品的情感，同时也能体现出作者鲜明的个人特色。"00 后"情感浓烈、富有个性，且关注我国的传统文化，其作品大致分为以下几种类型：

#### 1）色彩浓烈，风格鲜明

色彩浓烈的作品是将多种不同明度、不同纯度的颜色（多为明度高且纯度高的色彩）进行搭配，画面形成华丽而不杂乱的视觉效果。当平面作品的配色对比度高、色彩鲜明时，其表达的情感也会随之强烈，同时，浓烈的色彩产生的视觉效果也能够抓住观众的注意力，给其留下深刻的印象。

《不要急，我们有榄菊》（图 2-1）通过我国古代名著中的人物来表现出人们面对蚊虫的暴躁，侧面反映出榄菊驱蚊虫的效果之好。作品中的人物配色大多用色彩纯度高的暖色，暖色能够表现出人物因为蚊子的烦扰出现的烦躁情绪。其他元素使用纯度高的冷色，背景和人物一冷一暖形成对比，更加突出主体的情绪。海报的标题使用黑色的毛笔字，造型狂野，非常大气。整幅海报配色丰富、华丽的同时又不显杂乱，给观众强烈的视觉冲击。

《用榄菊，没烦恼》（图2-3）运用三则典故，将灭蚊与打虎、梦蝶、刮骨做对比，说明蚊虫虽小但也足够烦人，同时也表现出榄菊的重要性。作品的色彩运用不似之前的作品华丽，但也有着十分浓重的配色。海报的色彩明度较低，搭配起来有一种凝重的美感。每幅海报中的配色也都十分符合作品中人物的特色，如武松的橙黑、庄周的黑蓝、关公的红绿。同时，作品的背景色彩较为单一，更加突出主体形象。字体的颜色与各个作品的颜色相配，使得画面和谐统一。

《没有榄菊的苦恼》（图2-32）运用三个知名雕塑的形象，生动、幽默地表现出"有蚊虫，用榄菊啦"的主题。作品色彩虽然比较单一，大体上只有两种颜色，但是由于颜色的纯度较高，且属于对比色，通过鲜明的色彩对比产生一种轻快、灵动的效果。以粉色为底，用克莱因蓝做文案和图形的配色，这样的色彩搭配强烈、纯粹且生动，同时也不失高级，产生了一种独特的美感。

2）色彩统一，自然清新

色彩统一可以让整个画面和谐自然，这类作品一般都会以组的方式呈现，且一组里的每个作品的色彩都统一为相同的色彩，使得整组作品有一种韵律感，也让观众在欣赏作品时获得情感的共鸣，得到情绪的放松。

银奖作品《榄菊，就是安全感》（图2-70）在每一幅平面作品中整体使用了颜色相近的色彩搭配，形成以绿、蓝、粉三种颜色为主的色彩效果。图一中的蓝色明度较高，有种轻快灵动的感觉，表达出"玩乐开心"的主题。图二用温暖的粉色来表达"睡眠安心"，这样的色彩搭配会形成一种清新淡雅的风格，让人心情舒缓。图三中的绿色偏暖，带来一种轻松的氛围，以此来表现"休闲舒心"的主题。

让榄菊守护你系列（图2-77）通过相似的色彩搭配，使用明度较低的粉色和绿色，营造出温暖舒心的氛围，表达"守护"的主题。图一中明度较低的粉色是一种温柔细腻的暖色，同时有小块的绿色做点缀，可以表现休闲时光的温暖闲适；图二中明度较低的绿色是一种宁静平和的色彩，能够给人一种安心的二人世界的感觉。

图 2-77
让榄菊守护你系列
创意思想：以个人居家休闲、情侣生活为主要场景，透明的保护罩体现榄菊驱蚊液可以让消费者不受蚊虫烦扰，尽情享受生活。画面还采用了榄菊的标志，使榄菊这个品牌更深入人心，让消费者铭记。

3）色彩传统，复古国风

复古的中国风配色在近年大受欢迎，优雅古典的色彩通过现代化的设计方式进行处理后显得更富有设计感。中国传统色的搭配，会让平面作品更显韵味，也给人一种大气的感觉，让人看后回味无穷。

红楼人物系列（图 2-78）完全使用了中国风的元素。作品通过我国古典名著《红楼梦》中的三则故事来表现榄菊驱蚊"无忧"。作品使用中国风的传统

图 2-78
红楼人物系列
创意思想：将榄菊融入《红楼梦》中经典人物的经典桥段，运用黛玉葬花（代表出行时）、湘云醉卧（代表休息时）、晴雯补裘（代表工作时）三个场景表现使用榄菊无忧的主题。

配色，背景是宣纸的仿古色，加以紫色做点缀，黄色与紫色的配色效果能够中和紫色本身的沉静之感，更有一种温和浪漫的美感。作品使用了水墨画的手法，使得整个作品风格清新淡雅，画面复古且高级。

《菊娃的夏季日常》（图 2-79）运用中国传统的作画风格和配色来表达使用榄菊驱蚊的"安心"。背景运用淡赭色，给人以典雅、稳重的感觉。主题用明度较低的红色、绿色、黄色、蓝色等进行小面积装点，使得整个海报在大方雅致中不失活泼灵动之感，国画娃娃的造型和动态让整个作品在雅致中透露出一丝童趣、可爱。

图 2-79
《菊娃的夏季日常》
创意思想：有榄菊在身，夏季无忧。从"妈妈说"的文案表现榄菊天然、便携、温和不刺激、长效持久驱蚊的特点。

## 二、图形创意

作为平面广告中的三大因素之一，图形创意在平面设计中起着重要作用。图形创意是寻求视觉传达的独创性意念构想。图形创意是图形设计的核心，它以信息传播为原则，以创造性思维为先导，寻求独特、新颖的表达方式和表现形式。以独特而清晰的阐释方式说明信息内容,以独具匠心而新异的形象画面引人关注。

图形创意设计,重点在于"创意"二字,图形作为一种便于更改和替换的设计元素,能够进行多种多样的变化,或做加法,或做减法,在图形的变化过程中设计的趣味也就体现其中,作者表达的东西也就能传递到观众的脑海中,同时让其产生丰富的联想。

图形创意在平面、包装、标志设计等领域都有广泛应用,属于设计中的视觉中心。同时,其设计手法也多种多样,有共生、正负、异影、无理、异变和同构,其中同构又分为异形同构、同形异构、异质同构、置换同构。如今,"00后"思维活跃,涉猎广泛,更倾向于选择同构等设计手法进行图形创意,将不同意义的物体组合形成具有新的意味的图形,以此来传递作品的信息。根据参赛作品的图形设计手法,我们选取其中常用的几种表现方式进行说明。

### 1. 异质同构

异质同构就是将不同材质的事物进行非现实的结合,通过肌理或材质的替换来传达不同的意义。它的重点在于用更广阔的视角观察不同元素之间具有的相似性,巧妙地把同构的原理运用于设计之中。通过异质同构的方式组成的图形十分具有趣味性,在吸引观众注意力的同时也给观众留下想象的空间。

榄菊如动物系列(图 2-80)在蚊香冒出的烟上做足了创意。这些烟化为壁虎、青蛙、变色龙,这三种动物都是蚊虫的天敌。作者将蚊香的烟和这些动物融为一体,形象地表现出榄菊产品驱蚊虫的威力之大。这样经过异质同构创作出来的巧妙组合,不但能够很好地体现作品的主题,而且能够引导观众发挥想象,从而更好地传达作品的思想。

优秀奖作品《榄菊,源自植物的守护》(图 2-81)将榄菊的驱蚊产品比拟为蚊帐、电蚊拍和纱窗,表现出榄菊产品可以如蚊帐和纱窗一般将蚊虫隔绝于外,也可以如电蚊拍一般高效、强力地消灭蚊虫。但是,作者并不是单纯地将蚊帐、纱窗等形象直接放进画面中,而是通过异质同构的方式,用鲜花、绿叶以及藤蔓来作为这些图形的组成元素,说明榄菊产品的成分来源于自然,表

品牌创意案例教程——以榄菊为例洞察中国企业品牌年轻化之路

图 2-80
榄菊如动物系列
创意思想：将榄菊比喻为壁虎、青蛙、变色龙这些蚊子的天敌，充分体现榄菊驱蚊、灭蚊的特点，将蚊香的烟雾与这些动物结合，营造一种强烈的视觉效果。

图 2-81
《榄菊，源自植物的守护》
创意思想：以产品效果"驱蚊"展开设计，运用生活中几种常见的驱蚊设备，添加了很多植物因素，突出表达了主题"源自植物的守护"。

达出"榄菊,源自植物的守护"的主题,颇具巧思。同时,画面中作为点缀的菊花也与榄菊的品牌名称相呼应,更给人一种活泼明亮的感觉。

### 2. 异形同构

异形同构就是将两种或两种以上形象不同但是有某种联系的元素重新组合,形成不同意义的全新图形。这样的同构方式让两种意义的图形结合产生新的有趣含义,让观众产生丰富的联想,同时更好地理解产品特色。

《开启静音生活》(图 2-82)的画面是一条声波的图形。声波开始的波形混乱,表现出环境的嘈杂,从侧面说明蚊子的噪声之大,让人感到烦躁。中间的波形变成曲线,也就是榄菊蚊香的图形,之后声波变得平缓,说明通过使用榄菊蚊香,蚊子都被驱赶走了,也就没有了噪声,从中表现出榄菊产品的驱蚊效果。作品通过声波和蚊香的结合,形象生动地表现出"开启静音生活"的主题。

《每一只蚊子都是"音乐"制作者》(图 2-83)通过异形同构的方式将蚊子的身体进行变形,然后与不同的音符结合在一起,表明"每一只蚊子都是'音乐'制作者"的主题,表现出蚊子的噪声很大,也从侧面表现出榄菊产品能够有效地消灭蚊子。作品将蚊子和音符两种元素进行组合,使得蚊子的噪声可视化,让人能够形象地感受到蚊子的烦人,从而吸引观众的视线并留下深刻的印象,进而达到宣传的目的。

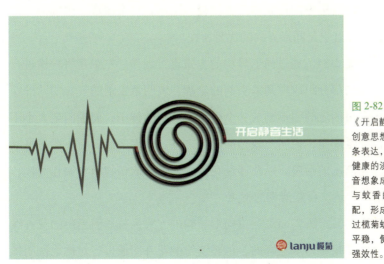

图 2-82
《开启静音生活》
创意思想:采用简洁化的线条表达,背景颜色采用代表健康的淡绿色。把蚊子的声音想象成波折很大的线型,与蚊香的线条进行混合搭配,形成声音的起伏,使用过榄菊蚊香以后,线条变得平稳,侧面说明榄菊杀虫的强效性。

图 2-83
《每一只蚊子都是"音乐"制作者》
创意思想：众所周知，蚊虫的声音很吵闹、招人烦，此创意就是运用榄菊的痛点，利用音符的形状与蚊子相结合来表示夜晚中最令人头疼的"音乐"制作者就是蚊子，提示消费者"有蚊虫，用榄菊"。

### 3. 同形异构

同形异构有两种创作方式：一种是将相同的图形（构成元素）用不同的构成方式组合成一个新的作品；另一种是用相同的构成方式将不同的图形组合为新的作品。通过同形异构的构成方式，能够全面地表达产品的理念以及品牌的精神内涵。同时，通过运用同形异构的方式设计图形，每个图形的组成部分都可以被更改或替换，这也是同形异构的优势所在。

负空间系列（图 2-84）通过同形异构的方式进行创作。左图是将柠檬进行摆放，把中间空白的部分组成榄菊杀虫剂的轮廓，表明杀虫剂的气味如同柠檬般清新；右上图是用闪电的图形围成一个榄菊电蚊拍的样子，周围闪电大小不一的摆放给人以视觉冲击，说明电蚊拍的威力之强、效率之高；右下图是将绿叶围出榄菊驱蚊花露水的形象，以此体现花露水通过萃取植物精华制作而成，表现出花露水清凉舒适、自然清爽的特点。

《源自植物力量》（图 2-85）通过同形异构的方式，将周围黑白的花卉线稿与中央有着榄菊驱蚊花露水轮廓的、色彩缤纷的花卉图像进行对比，说明榄菊驱蚊液选用的是草本植物提取液，成分天然，凸显作品"源自植物力量"的主题。同时，排版密集、色彩鲜艳的花卉图案也能表达出榄菊驱蚊液的气味如同花香一般清新淡雅，让观众对产品产生更深层次的联想。

图 2-84
负空间系列
创意思想：从榄菊驱蚊产品的特性出发，分别用柠檬、闪电和薄荷叶进行排列组合，形成花露水、电蚊拍和气雾剂产品造型的负空间形象，再加上简洁有力的广告标语，让产品的功能和特性深入人心。

图 2-85
《源自植物力量》
创意思想：作品运用榄菊产品中的"菊"作为主题，与其他植物相结合突出产品的天然、植物、绿色，并且运用黑白色彩对比突出榄菊的产品，让人们直观地感受到榄菊产品的健康、安全。

### 4. 置换同构

置换同构是指将图形中的某一部分直接替换为另一种元素。这种构成手法在保持图形原有特征的基础上，通过大胆想象，用其他元素将图形中的一部分进行替换，达到隐喻的效果，在创造强烈视觉冲击的同时带给观众冲击与联想。

《恶蚊退散》（图 2-86）通过置换的方式体现产品的功效。左侧图是我国传统神话中的托塔天王李靖，作者将李靖手中用来镇压妖怪的玲珑宝塔替换为榄菊的灭蚊灯，表示榄菊的灭蚊灯可以像"镇妖塔"一样将蚊虫镇压。右侧两图中的人物形象是我们熟知的门神尉迟恭和秦琼，作者将两位大将手中的兵器分别替换成榄菊驱蚊气雾剂和榄菊电蚊拍，形象地说明榄菊产品就像门神一样可以将蚊虫阻挡在外，保护我们不受蚊虫的侵扰。通过元素置换的方式展示产品，可以让观众产生联想，从而认可产品。

《远离榄菊》（图 2-87）运用生活中的真实场景，将一些标语或标志进行替换来表达主题。上图将红绿灯中的红灯替换成红色的榄菊标志，并在旁边写

图 2-86
《恶蚊退散》
创意思想：选用中国传统文化中的托塔天王和门神的形象，与榄菊的三款产品相结合，运用相对年轻化、潮流化的形式，与榄菊产品的调性相结合，使人们看到广告的时候，能与自身了解的榄菊文化相结合。

第二章　洞察决定创意

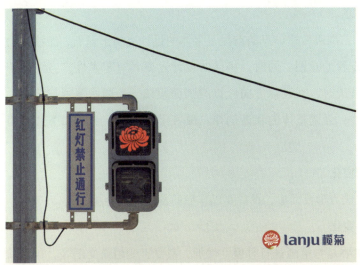

图 2-87
《远离榄菊》
创意思想：从榄菊的驱蚊功能展开想象，通过蚊子的视角——远离榄菊，拟人化地结合各种生活中常见的提示预警标识牌，展示产品的驱蚊功能。

着"红灯禁止通行"，表明榄菊的驱蚊产品会让蚊虫难以接近；下左图将"紧急出口"标识中的人物形象替换为蚊子的形象，表示这是属于蚊子的"紧急出口"，说明人们在使用榄菊驱蚊产品后蚊虫会四处逃窜；下右图将"禁止通行"的标志图案替换为榄菊的标志图案，并将下方的提示语改为"前方榄菊"，表明蚊虫看到榄菊便会避让。作品通过置换的方式形象地表现出榄菊产品的驱蚊功效，且画面均源于现实生活，更有一种真实的趣味感。

## 三、文字创意

　　文字创意是通过字体的设计，呈现作者想要表达的信息。大部分的平面作品中，作为画面的装点元素，文字创意并不被作为重点。但实际上，通过对字体进行创意设计，不但能够直观地传递信息、表达情感，也更容易理解具备视觉冲击力的画面信息。

需要指出的是，准确传达信息的前提是字体的设计要易于识别，能够让消费者快速地了解作者的意图。同时，字体的设计还要具有艺术性，当字体不作为画面的主体出现时，其设计方向应该与画面相统一，调好笔画与笔画、字与字之间的关系，强调整体的和谐韵律。做好字体创意，要从如下几方面进行：

### 1. 字体外形的变化

将字体形状改成方形或圆形，设计要以作品的整体风格为基准。

### 2. 字体笔画的变化

笔画的变化主要是将笔画进行替换、增加、减少、变粗或变细等。和以前相比，如今的"00后"更偏向于将字体的笔画做圆润处理，这样的字体更显可爱。

### 3. 字体结构的变化

打破字体的常规结构，通过留白、移动、放大或缩小等方式对字体进行二次创作，使字体更加生动、有趣，这也是"00后"最常选择的图形设计手法。

《成语新解》（图2-88）通过成语中与"蚊"同音的字进行替换。左图将"文房四宝"替换为"'蚊'房四宝"，以此来表现在有蚊子的房间里也需要四个工具，即榄菊的四种驱蚊产品，说明榄菊是驱蚊虫的必需品。右图将"身无分文"替换为"身无分'蚊'"，说明使用过榄菊的驱蚊产品之后，身边没有一只蚊子，说明榄菊产品可以高效地驱赶蚊虫。

《"蚁"无返顾》《默默无"蚊"》《无"蝇"无踪》（图2-89）通过将一个字的偏旁进行替换来传递信息。作者将"蚁""蚊""蝇"三个字的虫字旁替换成一只死去的虫子，形象、生动地表现出在使用过榄菊的驱蚊产品之后蚊虫都被消灭掉的场景。同时，在画面主体的下方用"谐音梗"的方式将三个成语中的文字进行替换，让人在风趣幽默的表达中了解榄菊产品能够很好地对蚊虫进行驱赶，让观众对产品的印象更加深刻。

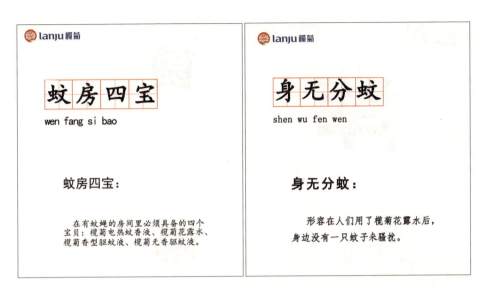

图 2-88

《蚊房四宝》《身无分蚊》

创意思想：作品通过同音字的替换来改变词语原本的意义，可以将产品的特性与词语的原意相结合，形成全新的含义，在幽默和诙谐的同时对产品进行很好的宣传。

图 2-89

《"蚁"无返顾》《默默无"蚊"》《无"蝇"无踪》

创意思想：选择了三个虫字旁的文字进行字体设计，虫字旁变成了蚊子的尸体，从而"蚁"无反顾、默默无"蚊"、无"蝇"无踪，说明榄菊的驱蚊效果强。

《痒》《菌》《嗡》（图 2-90）将字体进行变形来产生新的意味。"痒""菌""嗡"分别代表了蚊子从触觉、健康以及听觉方面给人带来的影响。画面中央有一瓶榄菊驱蚊花露水，使三个字都从中间开裂，代表蚊子产生的各种影响都因为榄

图 2-90
《痒》《菌》《嗡》
创意思想：夏天来临，使用榄菊驱蚊花露水，将夏季所面临的烦恼一并击裂。

菊的出现而消失，精准地表现出榄菊驱蚊花露水防痱祛痒、有效除菌、有效驱蚊的功效。这种字体设计中的"断肢法"将字体在保留识别度的前提下，适当地断开一口，给观众留下想象的空间。

《榄菊杀虫》（图2-91）将"狠""稳""准"三个字的笔画用流线进行表达，流线中的一部分超出画面的顶端和低端，产生"顶天立地"的效果，表现出安定放心的感觉。同时，流线型的设计使得整个画面给人流畅、自然的感觉，能够很好地吸引观众的视线，让观众在欣赏作品的同时感到放松。

《打地鼠》《走迷宫》《捉迷藏》（图2-92）将标题文字进行变形。左图将"打地鼠"的提手旁中的笔画替换为打地鼠的锤头，表现出榄菊驱蚊如打地鼠般迅捷和有力。右上图、右下图中将"走迷宫"和"捉迷藏"中"迷"字的偏旁部首替换为蚊子的形象，从侧面表现出榄菊产品的驱蚊效果。这种将字体的局部进行替换的设计方式，使字体的内涵外露，在形象和感官上都增加了感染力。

第二章 洞察决定创意

图 2-91
《榄菊杀虫》
创意思想：用字体设计中的蚊香来表现榄菊杀虫狠、稳、准的特点。

图 2-92
《打地鼠》《走迷宫》《捉迷藏》
创意思想：用大家熟知的打地鼠、走迷宫、捉迷藏游戏作为主题场景，结合每个游戏规则和主人公小蚊，配合具有游戏特性的文案，组合成有趣味的创意画面。

## 四、版式设计

版式设计是视觉传达设计中最为重要的组成部分和表达手段，承担着作品情绪表达和观众阅读顺序引导的职责。版式设计看似简单，实则大有学问，它是技术与艺术的结合，也是设计师必须掌握的一项技能。

版式设计需要通过对作品中各个元素的组合编排，产生重点突出、富有条理的效果。版式设计也需要经过艺术的创想、个性化的排版突出作品的主题，使其更加生动活泼，富有可读性。

版式设计在广告、杂志、书籍等领域都发挥着相当大的作用。同时，它的设计手法也有许多，如骨骼型、上下（左右）分割型、中轴型、倾斜型、对称型、重心型、满版型、并置型等。但由于"00后"天性自由、追求独特的特点，参赛作品中也涌现出一些不严格属于上述版式类型的排版，我们根据其中常用的几种版式类型做出如下分类：

### 1. 骨骼型

骨骼型的版式设计就是将整个版面规整地分为几个版块，将文字和图片按照版块的比例严格地进行编排。常见的骨骼型有竖向通栏、双栏、三栏、四栏等。由于其内容整齐排布的特点，骨骼型的版式使得整个画面充满理性和谐之美，容易给观众一个有条理的阅读顺序，从而更好地表现产品内容。

《榄菊，用心驱蚊虫》（图2-93）的版式设计区别于其他平面作品的一大亮点是整幅海报几乎只是文字的排版。这幅作品从画面上来看是一个防蚊虫小贴士，作者将文字说明部分除开头"有蚊虫"外全部删除，并在后面加了一句"用榄菊啦"，说明榄菊可以替代繁杂的防蚊虫方法，也表现出榄菊防蚊虫的效果之好。这种表现手法使得画面整洁明了，纯文字的排版也能更好地引导观众的阅读，让大家能够直接抓住作品的重点。

《明星日报》（图2-94）排版非常有层次。作者将榄菊驱蚊花露水比拟为一个明星，用"不搞绯闻""不收红包""不接吻戏"三个标题来体现榄菊产品的功效。作品的整个版面设计为报纸的形式，从标题、文案到整个海报设计的主体顺序都非常有条理，图中各种色块的组合使得整个画面重点突出、井然

第二章　洞察决定创意

图 2-93
《榄菊，用心驱蚊虫》
创意思想：将产品调性与"有蚊虫，用榄菊啦"相呼应，通过小贴士的形式，彰显榄菊的强大功效。

  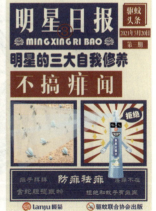

图 2-94
《明星日报》
创意思想：作品运用拟人的手法，把榄菊驱蚊花露水比作明星，因为它是灭蚊之星。而它之所以能成为明星，肯定有过人之处。总的来说，作为明星的它，有三大自我修养。
第一，不搞"痱"闻。没有蚊虫的骚扰而有痱子，表明榄菊驱蚊花露水防痱祛痱的作用。
第二，不收"红包"。没有蚊虫叮咬的红包，表明榄菊驱蚊花露水能有效驱蚊，且能有效除菌。
第三，不接"吻"戏。没有蚊虫的亲吻，表明榄菊驱蚊花露水能有效驱蚊。

125

有序，并引导了观众的阅读。

《是谁在狙击》《谁在抓捕罪犯》《谁是杀蚊凶手》（图2-95）以通缉令的形式对海报进行排版。作者将蚊子比喻成一个罪犯，海报的标题"是谁在狙击""谁在抓捕罪犯""谁是杀蚊凶手"，用加粗的黑字放在画面的上方，带来强烈的视觉冲击。海报的中间分别是一只蚊子被瞄准、一只蚊子罪犯举着牌子拍照、一只蚊子被杀害的现场，三张图分别从不同的角度展现榄菊驱蚊的威力，同时，大面积的黑红图案能够抓住观众的注意力。画面旁边空白处的文字对榄菊产品做进一步说明，让观众对产品的理解更加深刻。

图2-95
《是谁在狙击》《谁在抓捕罪犯》《谁是杀蚊凶手》
创意思想：采用对比最直接的黑白色来表示。运用类比等手法，将榄菊拟人化呈现，增加趣味性。

《有蚊虫用榄菊啦》（图2-96）给人一种广告传单的感觉。以图一为例，作者将画面从上到下大致分成四个版块。第一个版块用蓝色色块进行大面积的填充，并将海报的主题文案用白色字体填充在色块中，在画面中占据了大部分面积，自然成为整个画面的重点。紧接着的版块由几个连续的红色圆点组成，作者将榄菊品牌的广告语填充在红色之中，面积虽小，但是由于色彩是亮眼的红色，所以在视觉上能够快速吸引观众的视线。下一个版块作为补充文案，属于不太重要的部分，在排版的视觉引导下，观众会在阅读完上面两个版块后，再注意到这部分文字。

图 2-96
《有蚊虫用榄菊啦》
创意思想：作品的排版能使观众获得轻重有别的阅读顺序，视觉上也具备很强的可读性。

### 2. 满版型

满版型的排版通常以图像充满整个版面，文字被压制在上下或左右，以图像内容为主要的表达对象，内容传递直观且强烈。由于重点突出且画面元素较少，给人舒展大气的感觉，这样的排版也是平面设计中常用的版式。

《别让蚊子》（图 2-20）中的漫画占据画面的正中央，这样大面积的排版使得画面具有极强的冲击力，夸张的画法也让画面非常具有爆发力。文字部分放置在画面的顶部和底部，漫画字体使得画面更有一种扩张力。满版的设计，可以突出表现图像信息，更好地传达产品的特性。

### 3. 并置型

并置型的版式设计就是将相同或不同的图片进行大小相同的重复排列，版面具有故事感，有解说的意味。同时由于其重复、整齐的排版，使画面有序且充满节奏感，也让内容更具趣味性。

《解放》（图2-37）将相同或不同的图案做大小相同而位置不同的重复排列。左图是一个人在用手拍蚊子，最后选择用榄菊驱蚊花露水来驱赶蚊子；右上图是一个人的耳边一直传来蚊子的嗡嗡声，在使用过榄菊驱蚊花露水后蚊子被消灭，也没有了烦人的噪声；右下图是一个人的眼睛因为蚊子的烦扰而到处寻找蚊子，在使用榄菊驱蚊花露水后放心地闭上了眼睛。并置型版面有比较、解说的意味，这样的排版，可以使画面更有秩序和节奏感，系列广告也极具趣味性。

### 4. 漫画型

将广告画面进行漫画化处理，通过使用分镜、对话框以及图像或人物的漫画式表现，能够让画面故事丰富，充满可读性。由于漫画形式的排版能够表达作者充沛的情绪，让作品产生激烈且富有趣味性的风格，漫画版式成为近年来参赛者经常使用且备受欢迎的一种排版方式。

优秀奖作品《包租婆，怎么这么多蚊子啊！》（图2-97）和上面传统的版式设计有所不同，作者通过漫画的版式进行排版。图中大面积的分镜、加粗的边框、戏剧性的对话框、夸张的背景和通过漫画处理过的人物形象，都使得画面有极强的视觉冲击力，让作品充满了漫画般的幽默诙谐之感。漫画风格的版式设计画面丰富、内容风趣、风格独树一帜，是当今比较常见也是深受"00后"欢迎的排版方式。

## 五、包装设计的视觉要素

包装是为了保护产品不受损坏、方便运输。随着人们生活质量的提升以及审美水准的提高，包装超越了原本的意义，开始具有美化、宣传的功能。如今的包装设计，在兼顾功能性、美观性和观赏性的同时，还被要求能够展

第二章　洞察决定创意

图 2-97
《包租婆，怎么这么多蚊子啊！》
创意思想：用经典电影对话的方式提醒人们"有蚊子，用榄菊"，想要传达品牌的趣味性。

示设计内涵，也就是对企业形象的反映、对产品定位的凸显，乃至对民族文化的体现。

首先，包装的功能性永远是首位的，它不仅要求包装能够对产品起到保护作用，还要具有便利性，因为在当今快节奏的生活中，便携的包装更符合消费者的选择诉求。

其次，就是寻找并理解产品的个性特征和企业的文化内涵，以及对目标消费人群审美偏好的了解，以此为基础，进行不同风格的包装设计。

最后，需要从设计的角度，把握包装的风格和调性，充分展现产品的自身优势，通过图形文字等的组合和包装外形的创想，完成包装设计。

包装的风格千变万化，不同的包装风格也体现出作者的性格。如今，

"00后"受教育水平提升,大部分人的审美都得到了质的飞跃,他们更加倾向于文艺、简单且有设计感的包装设计。同时,由于近年来国潮文化在"00后"圈层的流行,中国风的包装设计成为他们的心头之好。于是,在对参赛作品进行整理和评选的过程中,我们将获奖的包装设计作品做如下分类:

### 1. 插画

将产品包装的主体进行插画设计,是近年广为流行的一种包装设计方式。作者通过不同的产品定位和目标受众选择不同风格的绘画方式进行创作,让产品以更加个性的方式呈现。

《有蚊虫,用榄菊啦!》(图2-98)外观简约大方,包装以白色为底,用绿色系作为图案的主体色,从颜色搭配可以感受到产品的自然之感。作者通过自然风光进行包装设计,突出表现产品的材料来源于天然。图中的雏菊点明了榄菊的品牌形象。这款包装设计以清新柔和的画风展现榄菊产品的特点,风格优美的同时不失童真。

《晚安榄菊》(图2-99)的主题是"晚安榄菊",包装中的插画很好地与主题相辉映。作者将蚊香比作留声机的唱片和夜晚的月亮,说明使用榄菊能够让人拥有更加安心的睡眠,点明"晚安"的主题。包装主体以纸雕的形式呈现,使得画面更有层次感,给人一种时尚和古典相结合的韵味感,充满趣味。

《榄菊蚊香》(图2-100)通过充满童趣的插画进行包装设计。左上图中闭着眼睛的女孩和身后的小花以及左下图中正在睡觉的孩童和身后的菊花,都营造出一种静谧之感,表现出榄菊蚊香能够驱赶蚊虫、让人睡得更加舒适的特性。画面中主要运用蓝色、绿色和黄色,运用插画的作画手法,再加上周围的鲜花作为点缀,使得包装的风格更加童真可爱,与消费者建立起情感连接。

《有蚊虫用榄菊》(图2-101)和之前插画风格的包装设计不同,该设计风格更加鲜活跳脱。包装上年轻女孩的形象和其他可爱活泼的设计元素能够拉

图 2-98
《有蚊虫，用榄菊啦！》
创意思想：蚊香包装大多雷同，很难快速辨别所要找的品牌。为打造榄菊年轻化的品牌形象，首先就要抓住年轻人高审美、标新立异、脑洞大开、注重生活品质、不爱受限制的特点。从蚊香盒的打开结构、外形、字体设计入手，以创意插画的形式分别表现三种类别的榄菊蚊香。

品牌创意案例教程——以榄菊为例洞察中国企业品牌年轻化之路

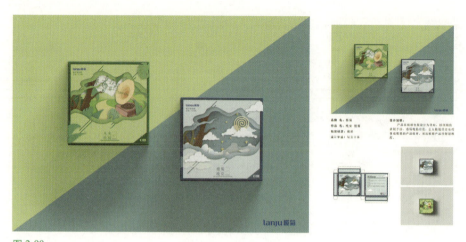

图 2-99
《晚安榄菊》
创意思想：产品以插画包装设计为主，采用同构的表现手法，以让人愉悦的音乐、每晚的月亮代替榄菊蚊香，表达榄菊产品令人舒适的程度。

图 2-100
《榄菊蚊香》
创意思想：用菊花保护入睡的形式体现榄菊的品牌调性。

近榄菊与年轻一代消费者群体的距离，大胆鲜艳的配色和复古的画风形成对比，更显活跃。此类插画风格的包装设计符合年轻人的审美，能够树立榄菊品牌的年轻化形象。

第二章 洞察决定创意

图 2-101
《有蚊虫用榄菊》
创意思想：为了树立榄菊品牌年轻化形象，拉近与年轻消费者的距离，该系列包装设计采用了大胆的配色、摩登复古的画风，向更多年轻消费者传递"有蚊虫，用榄菊"的首选认知，可以更好地提升榄菊品牌的受喜爱度和美誉度。

## 2. 简约

简约的包装设计总是很受设计师们的欢迎。简约的图形设计，简练地表达出产品内容及品牌特点。同时，简约化的包装富有设计感，能够强调产品的自然感，也越来越符合年轻人的审美，有利于品牌对年轻市场的开拓。

金奖作品《榄菊植物草本防护液》（图 2-102）是为榄菊植物草本防护液所做的一组包装设计。这组包装设计简约大方，打破了人们对驱蚊产品包装的固有印象。包装上的图案以菊花为主体,色彩的搭配更加现代且富有设计感,更能表现出榄菊产品"植物力量,天然驱蚊"的主旨。素雅洁净的包装风格符合当代年轻人的审美,简约美观的设计也更加符合便携产品的包装理念。

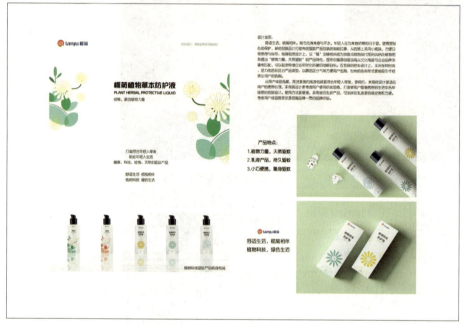

图 2-102
《榄菊植物草本防护液》
创意思想:简洁素雅的瓶身包装更符合年轻人的审美,简约、美观的设计更符合用户的携带心理。作品考虑用户的体验感,使用户愿意携带到各种场景中。按压使用方式更便捷,可涂抹的乳液更容易控制。考虑用户体验感受亦是榄菊品牌一贯的品牌宗旨。

### 3. 中国风

随着我国人民文化自信的不断增强,中国风的包装设计逐渐成为热门。中国风的包装设计是运用我国传统的纹样、图形,经过现代化的设计加工后产生的设计风格。中国风的包装设计在画面上富有识别性,更具民族特色和文化内涵,也更符合国产品牌的产品理念。

《榄菊蚊香》(图 2-103)以中国传统风格的绘画元素进行设计,画面通过对山水、香炉、山林等的描绘,让消费者感受到榄菊产品的"源于自然"。但是作者并

第二章 洞察决定创意

没有直接使用中国画的传统配色，而是选择更加鲜艳的色彩，使得整体的包装风格独树一帜。同时，这样的色彩搭配也更加符合年轻人的审美，有助于榄菊品牌对年轻市场的开拓。

图 2-103
《榄菊蚊香》
创意思想：以传统国画元素对艾草型包装进行设计。

《灭蚊灵符》（图2-104）改变了传统蚊香包装的设计风格，将原本方形的蚊香盒设计为蚊香形状的圆形，让包装和产品更加贴合。圆形的包装更加符合中国人独特的审美，给人柔和温暖的感觉。外包装图案使用了中国传统的纹样，借助明度较低的蓝、绿、紫的配色，使得整个包装更加素雅大气。

图2-104
《灭蚊灵符》
创意思想：将老牌国货与灵符相结合，分别以"邪蚊退散""蚊风窜逃""天下无蚊"表现产品的驱蚊功效。

## 第四节 "00后"短视频的创意启示及创意密码

### 一、短视频风口与流量的未来

#### 1. 短视频浪潮到来

最近两年，人们的媒介信息获取和内容分享正在悄然发生改变：公交地铁上刷短视频的人越来越多；抖音和快手上，普通网民的随手拍作品越来越多，用Vlog记录生活已经成为年轻人新的流行；"相亲相爱一家人"的家族群里，长辈们分享的养生内容也从文章变成了短视频；各大主流媒体纷纷开设自己的短视频账号，短视频新闻传播迅速；商界名人、娱乐明星、主持人纷纷涉足直播带货，在短视频平台看直播购物也成为年轻人新的生活方式……人们的生活仿佛瞬间被短视频包围，各大社交应用也都开设了短视频功能，短视频应用不仅成为新的投资风口，也成为品牌必争的营销阵地。

近年来，短视频用户规模迅速增长，短视频类 App 一枝独秀，成为日活跃用户规模增速最快的细分领域之一，短视频应用的用户规模从 2020 年初以来一直保持较大幅度提升的态势。

相比传统的长视频，短视频媒介接触成本更低、信息密度更大、传播速度更快，最短十几秒最长不过几分钟的视频内容迅速填补了用户的碎片化时间，成为"杀"时间的利器。从 2018 年下半年起，短视频应用的日均使用时长逐渐超越综合视频应用，成为广大网民视听娱乐休闲的首选。截至 2020 年 6 月，短视频以人均单日 110 分钟的使用时长超越了即时通信。

短视频应用的发展释放出巨大的能量，不仅体现在对用户注意力的占有，更表现在对新闻、电商、直播、教育等多元领域的不断渗透和整合，短视频浪潮席卷的不再只是视听娱乐行业，而是已经与各个经济与社会领域相互叠加，甚至对国民经济产生影响。例如，在抖音、快手平台持续进行的农产品带货直播，逐渐受到消费者和农民的认可，成为一种新型的销售方式。短视频平台的直播带货营销，是"互联网＋农业"新路径的探索和尝试，在这个过程中，一方面加强了互联网技术应用与乡村建设的深度融合，有利于农村基础设施建设，大力发展数字乡村经济新业态，充分发挥大数据、物联网、人工智能等数字技术在农业现代化发展中的作用；另一方面，短视频降低了农民使用新媒体技术的门槛，能够帮助农民掌握专业技能，调动农民群体的主动性，拓宽优质农产品的销售渠道，助力农业增效、农民增收、农村致富。

**2. 为什么短视频是未来**

**1）5G 赋能平台发展，短视频将迎来新一轮增长**

短视频总是伴随着技术的发展快速演进，自动播放、快捷剪辑、滤镜选择、自动加载字幕等技术的每一步发展都迅速体现在短视频的生产和传播中。2019 年 10 月底，工业和信息化部宣布正式启动 5G 商用，可以预见的是，移动通信技术的迭代升级将带来短视频应用边界的扩展与经济效能的提升，随着5G技术的发展，短视频将迎来新一轮的流量增长。

技术方面，在更强大的5G网络影响下，技术不再是孤岛，技术间的相互依存和影响将变得越来越紧密。技术应用的叠加带来价值的增值，5G技术搭载VR、AR、人工智能、超高清影像传递等前沿技术应用更有优势，在PGC（专业生产内容）和UGC（用户原创内容）领域为视频内容的生产样式和多样化表达提供更多可能。在多种技术的交互作用下，未来短视频的相关产品和服务将更智能、更高速、更个性化、更具互动性且更真实。

内容方面，智能互联时代，短视频平台的连通性极大程度上拓展了视听内容的传播渠道，内容创作者在内容创意和形式创新上利用多样技术实现更多可能，这将驱动短视频产业与其他产业进一步渗透与融合，催生出更多的渠道平台以及细分业态。例如，如火如荼的直播带货已经在各大短视频平台实现了与电商平台、供货商、渠道商等节点的大规模互动，不仅实现了短视频与电商领域的关系重构，而且催生了"边看边买"这一新的生活方式，强化了短视频平台自身的变现形式。

2）"短视频+"覆盖互联网的内容形式，短视频成为互联网的标配功能

除了抖音、快手等短视频平台的快速发展，各大互联网平台也纷纷嵌入短视频功能，短视频已成为大型互联网产品的标配。2019年8月，"新闻联播"正式入驻抖音、快手平台，依托央视优质内容，"新闻联播"迅速在两大平台上获取了大量的粉丝，取得了良好的反响。

"新闻联播"入驻短视频平台只是短视频强大影响力的一个缩影，"短视频+资讯""短视频+政务""短视频+电商""短视频+旅游""短视频+教育""短视频+美食"等模式不断涌现，短视频已从最初的视听工具属性演变为传统产业焕发新生的流量高地。有料的创意、专业的创作，再加上短视频平台的营销推广，催生了年轻人热衷的"打卡经济"，加大了传统产业的宣传力度，直接拉动了线下产业的经济增长。

越来越多的平台或行业选择将自己的产品短视频化或将短视频变成服务用户的产品。短视频发展到今天，已经成为媒介传播不可忽视的力量。

3）大数据和智能算法导向精准分发，进一步占领用户时间

每当提到抖音或快手，都会用一个词来形容短视频对时间的"侵占"——用户黏性高。用户黏性又叫用户黏度，是一个网站或应用对其用户的吸引程度以及由此建立起用户对网站或应用的忠诚度。以短视频应用为例，用户黏性的表现方式主要有：用户的使用频率；用户的使用时长，用户是否深度介入应用内容；用户在应用界面与他人互动；用户信任应用内容；用户主动分享应用内容，并逐渐建立忠诚度。

目前，以大数据和智能算法为基础向用户精准分发内容的技术被广泛使用，大数据和智能算法助力内容分发更加个性化，不仅能快速帮用户找到他们感兴趣的短视频内容，而且能帮视频制作方更准确定位热衷于他们内容的用户。更加个性化、精准化的内容接收令短视频用户欲罢不能，不知不觉地将数个小时的时间投入刷视频的动作中。今日头条依托智能算法建立了向用户个性化推荐短视频内容的分发机制，短视频的有效播放率达到85%，快手用户数量的增长及其用户黏性的提升也得益于引入智能算法进行精准推送，算法的应用显著提升了用户体验及短视频的分发效率。

个性化内容分发基本实现了信息由面到点的过程，但从用户反馈来看，目前的内容分发机制远未达到用户预期。未来全面发展起来的人工智能技术，将使人机协同深度融合，对用户偏好的收集更加精细化，让用户的显性和隐性需求都能够被识别，并在适当的场景中予以高效满足，进一步推动短视频行业的纵深发展。

4）短视频"带货"成为一种生活方式，推动新商业模式的发展

自2019年起，短视频"带货"作为一种新的营销方式，逐渐成为行业变现的一大亮点，受到越来越多商家的青睐。短视频传播速度快、转化效果好、用户黏性高，以更加直观的体验优势创造出更多的消费场景，释放出更大的营销价值，尤其受到年轻消费者的喜爱。

相比于传统网页的图文信息，短视频不仅能够利用网红、主播等的影响力吸引较大的流量，而且还能全面展示企业，为用户展示更多的内容元素。在资金流、货流、物流体系都趋于完善的体系下，短视频"带货"的营销模式体现出强大的品牌能力，发挥出巨大的营销能量。

依托于平台的高日活和流量，抖音不仅沉淀广阔而稳定的用户市场，也催生了不少市场规模过亿的消费细分赛道，加速品牌入场内容电商和直播带货的脚步。据飞瓜数据统计，2021年6月在抖音推广的品牌数环比增长93%。同时，抖音也在加快线下渗透，接连上线了"探店榜单""优惠团购"等功能，进一步丰富兴趣电商的覆盖面，探索以短视频为核心的新的营销模式。

5) 质量双升、优胜劣汰，短视频内容从泛娱乐化向垂直领域纵深发展

由短视频带动信息传播及消费方式全面升级的未来，娱乐至上似乎已经成为营销传播领域的新共识。娱乐元素已然成为短视频创作过程中不可或缺的元素，与此同时，随着短视频行业的进一步发展，短视频用户将对接收到的内容产生强烈的品质消费需求，短视频也将逐渐告别泛娱乐化的单一类别，转而向垂直化发展。

目前，在抖音平台，已经涌现出许多百万粉丝级的教育类、科普类、财经类、读书类、时政评论类、美食类、家居类自媒体博主，充分体现出用户对泛知识类内容的学习需求和消费渴望。未来，短视频平台需要摆脱流量思维，升级分发模式，进一步探索和坚守短视频的原创价值理念，为每一位用户提供更加优质、口味丰富、"营养均衡"的视频内容。

## 二、短视频创意定位与内容创作

### 1. 短视频选题要领与案例解析

拍摄短视频的第一步是构思选题，如画一幅肖像画，动笔前需确定人物轮廓。在短视频类的比赛中，选题并不完全自主选定，作品的主题通常可从产品功效、产品包装、产品特性以及企业精神等方面确定，故每幅画的鼻子、眼睛、嘴不尽相同。

如何选题？如何确定选题的方向、内容和素材？以上选择在一定程度上决

定了视频的后期质量和传播价值。

当命题作文未规定文章类型时，创作者在大方向上可自主选择喜欢或擅长的方面进行创作。如今在短视频 App 上，剧情类、生活类、商业类等视频占据了大部分内容领域，同时也是短视频赛道上的头部创作方向。

《定位》中提道："在传播过度的社会里，谈论你的广告的冲击力等于在过度夸大你提供的信息的潜在效力。这种以自我为中心的观点与市场上的现实情况是脱节的。在传播过的社会中，获得成功的唯一希望，是要有选择性，集中火力于狭窄的目标，细分市场。一言以蔽之，就是'定位'。"所以，在确定内容领域后，要细分用户，确保所创作的内容适合该领域受众，并且在短视频中传递的信息要符合受众的认知和需求。

根据上述选题方向，可将选题原则定为三点：不跑题、有价值、要匹配。不跑题，短视频的中心观点要与产品的宣传点一致，跑题的作文写得再好也不会得高分；有价值，选题内容要以干货为主，在满足受众需求后创造一定的价值，解决其痛点，使之有分享欲望，进而触发点赞、评论、转发等用户行为，促进短视频的传播；要匹配，坚持用户导向，以受众需求为前提，进而加大视频的完播率。

《闻菊起舞》（图 2-105）的主题是"有蚊虫，用榄菊"，这也是该产品的核心诉求。视频紧紧围绕这一点，以动漫的形式呈现具体画面：一只蚊子被榄菊喷了之后，变身"舞王"跳起舞来，背景音乐是由大众熟知的音乐旋律进行歌词改编，"两只蚊子爱跳舞，小朋友乖乖打呼噜，植物的力量不会输，榄菊是最美的礼物"，通俗易懂地强调了榄菊消灭蚊虫这一特点。同时，画面制作精美也是该作品的一大优势。

银奖作品《不带"包"也没蚊题》（图 2-106）以漫画的形式呈现，通过小蚊子和妈妈的对话，以为人背的是小包，装不下驱蚊液就想"吃大餐"，殊不知"榄菊驱蚊液四小时，不带'包'也没蚊题"。对话简洁明了，画面表现良好，突出了榄菊驱蚊液效果持久的产品特性。

金奖作品《榄菊守护者》（图 2-107）讲述一个盔甲小人在夜晚用科技的力量消灭蚊子的故事。视频延续了经典广告形象 IP，穿戴盔甲、手拿盾牌的小

图 2-105
《闻菊起舞》
创意思想：翻拍自热梗《两只老虎爱跳舞》，是适用于 B 站、抖音等社交平台传播的病毒类短视频。用年轻人的话语向消费者群体传达了"有蚊虫，用榄菊"的首选认知，也有利于树立品牌年轻化形象，从而拉近榄菊与年轻消费群体的距离。

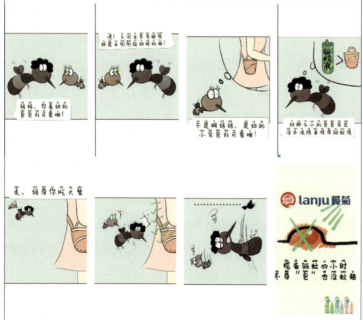

图 2-106
《不带"包"也没蚊题》
创意思想：从小蚊子的视角，表现榄菊驱蚊液的妙用。

人给人以安全感，与科技元素的结合，赋予榄菊科技化、年轻化的特质，整体以动画形式表达，突出了榄菊高效驱蚊的技术。

金奖作品《默默无"蚊"》（图 2-108）创意新颖独特，以问询的形式，普通话与地方方言相结合回答，"你知道你为什么坐在这里吗？""你家里人知道吗？"层层递进，配合背景音乐给人以紧迫感，慢慢揭开悬念。

图 2-107
《榄菊守护者》
创意思想：以小黑人 IP 为形象，延续之前的经典广告形象，配合厚重的盔甲和盾牌，给人以安全感，同时与科技元素进行结合，凸显榄菊与时俱进的科技感，通过盾牌上的激光进行灭蚊，强调榄菊灭蚊的科技性与高效性。

图 2-108
《默默无"蚊"》
创意思想：以悬疑的口吻讲述品牌故事。

## 2. 短视频素材来源与案例解析

短视频不似传统的影视广告，它更符合当下的快节奏生活，能够"快、准、精"地输出内容，凭借画面、音效、色彩等元素在各大平台上广泛传播。同时，由于它的创作成本低、传播效益高，逐渐成为一个品牌与消费者沟通和宣传产品的新时代载体。正因为这样的特性，创作者在挑选短视频素材时需考虑以下两点。

### 1）时效性

短视频不仅表现了当代的沟通方式，更代表时代的发展方向。在短视频赛道上创作时，因其中加入了对产品的宣传营销，故更需要利用适合的节日或社会热点进行有针对性的创作、投放和策划传播，从而快速引流，吸引庞大的用户群体，提高视频的传播效果，以达到广泛宣传产品的目的。

### 2）关联性

制作短视频的素材可从各大平台搜寻，如微博、豆瓣、知乎、影视App、音乐App等。由这些平台锁定时下热点话题进行深挖，找到与产品的关联点，创作视频脚本和文案，再选择擅长的呈现方式进行拍摄。但需特别注意的是，挑选的素材必须和产品的宣传点以及品牌本身的调性一致，避免出现违背品牌自身价值观等问题。

除此之外，挑选素材的另一个方法是平移法——成功的特性在于模仿和超越。学会从爆款视频中挑选其成功的元素为己所用，或者从影视剧里平移经典片段进行模仿、改编、创作，也是制作爆款短视频的成功途径之一。

优秀奖作品《绝望的瞬间》（图2-109）以动画的形式，生动形象地呈现了两个令人绝望的瞬间，一个是刚化好底妆就被蚊子在脸上叮了一个红包，一个是吃饭时蚊子在餐桌附近飞来飞去。视频素材来源于生活中的日常场景，快速拉近了与受众的距离，更方便输出主题"有蚊子，用榄菊"，也加深了受众对榄菊产品效果的记忆和理解，使之产生购买欲望。

优秀奖作品《有蚊虫，用榄菊》（图2-110）采用微信对话的形式，对面发来一群苍蝇，我方回以榄菊，苍蝇瞬间被消灭。简单的对话，体现榄菊灭蚊

第二章 洞察决定创意

图 2-109
《绝望的瞬间》
创意思想：前面是被蚊子烦扰的两个生活中的绝望瞬间，最后是用榄菊喷雾灭蚊的剧情。

的高效性。素材选用微信聊天，却能让受众通俗地明白产品效果。

铜奖作品《让蚊子飞》（图 2-111）选用电影《让子弹飞》里的片段进行改编，描绘了主人公在夏天被蚊虫困扰的苦恼，并找寻了一件件驱蚊好物"加码"，突出榄菊产品强效驱蚊的效果。剧情脉络清晰，内容有起有伏，配合紧凑的背景音乐，塑造紧张的氛围感。创意的出发点是热门电影，与榄菊灭蚊的特性结合，具有较强的传播力，加深了产品在消费者心中的印象。

优秀奖作品《榄菊哦》（图 2-76）改编自歌曲《莫吉托》，歌词讲述了唱作人夜晚睡觉时因枕边有蚊子而睡不着的故事，以及榄菊带来的灭蚊帮助。歌词清晰流畅，旋律朗朗上口，把一位年轻人受到蚊虫困扰又因为使用了榄菊而获得安静夜晚的场景通过文字准确地描绘出来，此形式容易受广大年轻群体的喜爱，也呈现出榄菊产品年轻化的特性。

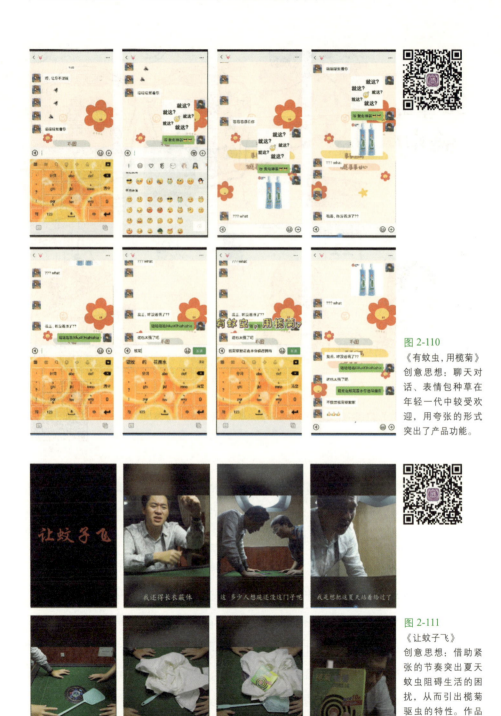

图 2-110
《有蚊虫，用榄菊》
创意思想：聊天对话、表情包种草在年轻一代中较受欢迎，用夸张的形式突出了产品功能。

图 2-111
《让蚊子飞》
创意思想：借助紧张的节奏突出夏天蚊虫阻碍生活的困扰，从而引出榄菊驱虫的特性。作品幽默、诙谐，能够引发年轻人的共鸣，增强品牌形象。

优秀奖作品《原来这才是秘密武器》(图 2-112)以定格动画的形式,选取生活中常见的场景,主人公在睡觉的时候,一直有蚊子在"嗡嗡嗡",他开始不停地追赶想打死它,但是没成功,只好拿出撒手锏——榄菊驱蚊液。内容生动有趣,画面呈现良好,如果细节处理得再好一点,作品质量也会更上一层楼。

图 2-112
《原来这才是秘密武器》
创意思想:作品采取手绘方式,让原本不会动的插画动起来,整体幽默风趣。小男孩与蚊子斗智斗勇,后来蚊子被榄菊蚊香液熏晕了。

**3. 短视频价值取向与案例解析**

衡量一个物品的好坏要看其价值,短视频的价值取向是打造爆款的基本要素。创作要保证思想积极健康,符合社会主义核心价值观。同时,短视频的价值取向可分为以下两部分。

1) 文化价值

优质内容是指关注并解决受众需求,能够抓住热点,从而引发用户共鸣的视频。艺术源于生活,一个好作品来源于生活,通过加工,又略高于生活。爆款短视频的特性之一就是其内容让人深受启发,具有一定的价值和共鸣,让用户感同身受,从而产生一定的文化价值。

像大众熟知的 @李子柒，通过拍摄大山中制作美食或生活用品的日常，让越来越多的人了解中国传统物品的制作过程和传统文化，也让越来越多的人爱上中国。短视频的精美程度之高，让人透过务农生活的辛苦和琐碎，一眼看到中华民族利用现有自然资源自给自足的伟大创造和坚韧不拔的精神。

### 2）社会价值

短视频投放在平台上进行传播，效果不同产生的价值也不同。一则短视频看完可能让人不知所云，趣味平平；也可能让人深受启发，喜爱不已。好的视频不仅仅是在碎片化的时间里提供乐趣抑或知识，还能够产生商业价值。不管是短视频本身的拍摄或由短视频延伸出的直播卖货，爆款视频的变现以及账号带动的商品销售，在一定程度上都能创造出极大的商业价值。

内容价值依据领域不同可以划分为趣味性、情感性以及创意性价值。偏向娱乐方面的，需关注视频的趣味性，是否有梗；情感性则体现在视频通过刻画人物情感，煽动共鸣；创意性则是大部分优质短视频最需达到的。

鲁迅先生说过："同是不满于现状，但打破现状的手段却不同，一是革新，二是复古。"革新，可以理解为当该领域内容饱和时，可以开辟新领域。短视频作为时下新玩法，越来越多的人参与其中，保持正常频率输出新鲜内容，是增加用户粉丝黏度的必备。复古，经典之所以是经典，并不是代表其不可超越，而是因其具有打动人心的东西，再来一次还是会感动。通过挖掘并结合新时代制作内容，同样可以具有"经典"的价值。

优秀奖作品《后悔的事》（图2-113）是对《大话西游》经典片段的重现，拍摄场景、演员服装以及妆容并不是吸引用户的关键，通过改编经典，"曾经，有一盒榄菊蚊香在我面前，我没有珍惜，等到睡着之后，我才后悔莫及"等文案突出了视频的创意和趣味。

《总有榄菊呵护你》（图2-114）通过刻画主人公不安、效率差、出行不便等问题，层层递进制造悬念，这些都体现在视频中。该视频最终并未获奖，可能存在以下不足：①其更像是一则影视广告，趣味性不高，无法吸引用户注意。②画面呈现较为粗糙，整体氛围压抑，过分夸大产品价值。

第二章　洞察决定创意

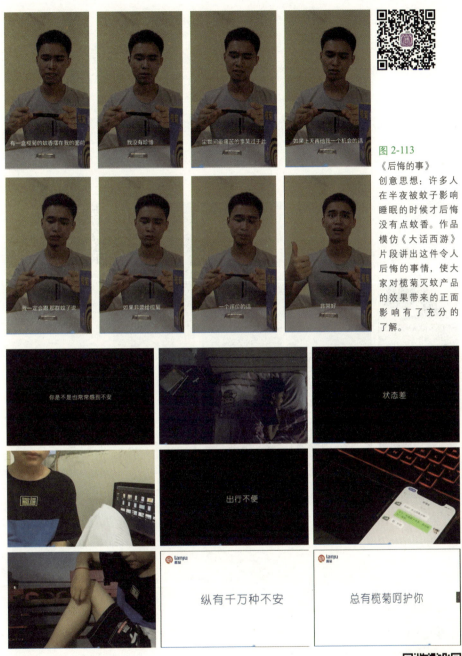

图 2-113
《后悔的事》
创意思想：许多人在半夜被蚊子影响睡眠的时候才后悔没有点蚊香。作品模仿《大话西游》片段讲出这件令人后悔的事情，使大家对榄菊灭蚊产品的效果带来的正面影响有了充分的了解。

图 2-114
《总有榄菊呵护你》
创意思想：蚊虫叮咬给人带来不安，影响到生活的方方面面，榄菊产品能帮使用者解决被蚊虫叮咬带来的不安。

佳作奖作品《只要榄菊用的早，从此不怕蚊虫咬》（图 2-115）类似知识小讲堂，"栋哥小妙招"教大家如何缓解蚊虫叮咬带来的瘙痒。再用短视频画中画的形式，加上人物对话，得出"与其找被咬后的小妙招，不如防患于未然，怕被蚊子叮咬，榄菊电蚊拍一招就好"的结论。作品创意新颖，剧情过渡清晰，以知识输出的方式扩大视频价值，凸显产品的灭蚊效果。

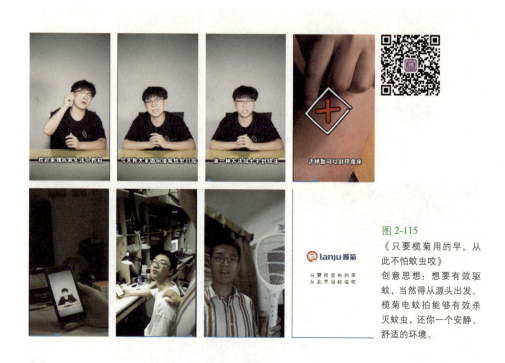

图 2-115
《只要榄菊用的早，从此不怕蚊虫咬》
创意思想：想要有效驱蚊，当然得从源头出发。榄菊电蚊拍能够有效杀灭蚊虫，还你一个安静、舒适的环境。

佳作奖作品《再别温柔乡》（图 2-116）改编自徐志摩的诗歌《再别康桥》，"嘤嘤地我走了，正如我嗡嗡地来，我嗡嗡地招手，作别西天的云彩，啪，那床边的灭蚊灯，是夕阳中的新娘，杯光里的艳影，在我的心头荡漾，蚊香上的青烟，淡淡地在床底招摇……"全文改编流畅自然，借用经典文学提升作品价值，让人产生好奇感，同时配合定格动画的形式，灵动地说明了榄菊产品的功效。

第二章　洞察决定创意

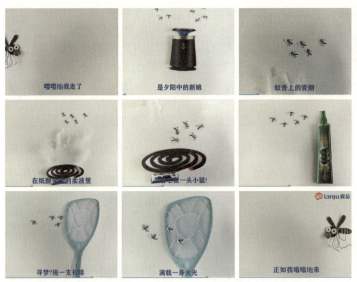

图 2-116
《再别温柔乡》
创意思想：根据《再别康桥》改编，把里面的"我"比作蚊子，"那河畔的金柳"比作床边的灭蚊灯，"软泥上的青荇"比作蚊香上的青烟，"那榆荫下的一潭，不是清泉，是天上虹"比作花露水，"满载一船星辉，在星辉斑斓里放歌"比作电蚊拍，"夏虫也为我沉默"比作榄菊也为我沉默。

## 三、短视频创意的后期加工

### 1. 优质标题的价值及案例解析

人们往往从标题判断作品的好坏。作品最直观的体现是标题，标题像是作品的缩影。很多的时候，由于短视频本身时长不够，创作者会忽略标题，但一个好的标题代表了吸引力，好标题能激发人的好奇心，也能使视频内容更饱满，在初期就能激发出用户的认同感等情绪表达，有助于视频的完播率和互动率。

好标题除了创造播放量外，还具有更多的意义。视频得到用户认同，就会触发转发等自主行为，在一个个圈子内传播，赋予视频传播社交的属性价值。另外，将创作的内容上传平台后，平台会将视频加入相应的算法渠道，在获取流量的同时也在丰富数据库。由标题产生的关键词，就代表了新用户在搜索时能否由此关键词检索到该视频。

由此可知，在撰写标题时，要依据视频内容准确圈定受众群体，明确受众标签以及受众需求，并在标题中准确表达受众痛点，以此获得情感共鸣，推动视频播放量增长，以及平台算法的反馈推荐。

分析时下的短视频，可以将取标题的撰写技巧规划成三种方法，希望能为创作者提供帮助：第一，词汇法。词汇分为热词和关键词，热词是指在抖音等短视频 App 上热榜大火的以及近期关注度较高的高频词汇，关键词是指视频本身能提取出的几个关键词，可从中优先挑选自带流量或与高频词交汇的词语，也可将词语本身升级，通过文字的艺术扩写成短句，进行优化。第二，问句法。问有疑问、设问、反问，如一则说灭蚊小技巧的视频，用疑问句取标题就是"夏天该如何灭蚊？"；用设问句就是，"灭一只蚊子用手掌，一群蚊子用什么？"答案在视频中，用榄菊；用反问句就是："80%的人这样灭蚊子，真的对吗？"运用问句的形式，可以激发受众兴趣，提升视频传播的广度。第三，模仿法。对经典标题、电影台词、俗语俚语进行改编或套用。这类视频吃的通常就是经典的红利，但谁又知道这是不是下一个经典呢？

佳作奖作品《我叫榄菊》（图 2-117）讲的是一个简单的故事，很久很久以前，在古老的村庄里，有一位美丽的姑娘名叫小菊、一只蚊子名叫威震天，夜深人静，威震天想靠近小菊反被消灭，原来小菊全名榄菊。这样一则看起来内涵并不丰富的故事，却由于取名"威震天"、画面的交替以及关于小菊身世

图 2-117
《我叫榄菊》
创意思想：用简笔画的动画形象描述一方霸王"蚊子"的一生，刻画了一个诙谐幽默的故事。

的悬念揭晓带来了一丝喜感，提升了作品的观赏性。当然，如果在开头能给视频故事概括一个标题，整体效果会更好。

优秀奖作品《别让蚊虫叮扰你的美梦》（图2-118）以"当你睡觉时……"为标题开篇，充分激发看客的兴趣，而后又以声波检测仪的形式，将人睡觉时的鼾声和蚊子的嗡嗡声同处一室，"打不到、受煎熬、用榄菊、睡好觉"的画面用声音淋漓尽致地描绘出来。

图 2-118
《别让蚊虫叮扰你的美梦》创意思想：以声音切入，展现了在美梦中被蚊子嗡嗡声吵醒的场景，制造鼾声与嗡声的矛盾。最终榄菊喷雾剂出手，一切归于平静，重获美好睡眠。

优秀奖作品《灭蚊的男主》（图2-119）讲的是一个剧中剧的故事，男女主角拍戏时正好到求婚时的温馨场面，却因为一只蚊子，女主角扇了男主角一巴掌，其中导演的粤语口音格外有趣，最后揭晓，说的不是男主角而是榄菊，凸显了产品灭蚊的效果。视频的标题"没想到你是这种男主"一直在视频上方，究竟是怎样的男主，男主又是谁，带着这样的疑问一步一步揭晓悬念，整体调度把握不错。

优秀奖作品《用榄菊，不翻车》（图2-120）以直播间的形式，和网友互动，教授如何选择灭蚊神器，但不管多少神器的叠加都不如一款榄菊。以这样的视频形式说明产品效果,十分新颖,演员表演自然,让人沉浸其中。如果在直播间的装扮上加上标题或说明,整体视频效果可能会更好。

图 2-119
《灭蚊的男主》
创意思想:蚊子的出现会扰乱我们做事,榄菊灭蚊用品总能在关键时候带来帮助。作品利用"榄菊"与粤语"男主"发音相近,制造了一个导演想要"榄菊",助理却一直以为是"男主"的幽默小故事,表现出榄菊灭蚊用品在灭蚊领域专业、有效、幽默的品牌调性。

图 2-120
《用榄菊,不翻车》
创意思想:通过时下最火的直播带货形式来分享自制驱蚊水的主播却在直播中被"打脸"的场景,用搞笑、夸张的形式介绍榄菊,给人轻松、快乐的感官体验。驱蚊还是专业的好,榄菊驱蚊,一步到位,用榄菊,不翻车!

## 2. 不同时长的影响及案例解析

判断视频能否成为爆款视频有 5 个要素：点赞率、评论率、转发率、关注率和完播率。关于这些数据的计算，不得不提到短视频平台的推荐算法。当一个视频发布到平台上，系统会自动推荐一个小流量池，假如流量池中有 50% 的人看完了该作品，就相当于拥有了进入下一个更大流量池的通行证，一个个流量池的传递，就让更多的人看到了该作品。其中，发挥最大作用的是视频完播率，提升完播率最直接的因素就是视频时长。

很多新手在创作短视频时，认为内容越丰富越好，往往把控不住时长，观众观看后难以锁定视频重点。依照现有数据，15 秒为观众能够接收到视频成体系信息的一个时长节点。那么，是不是在这个节点下，越短的视频越容易火？一旦进入这个误区，就会忽略视频本身的质量以及内涵，无法持续创造价值，慢慢就会丧失流量。

视频并不是越短越好，一个视频应有开端、高潮、结尾。短视频之所以能在这个时代火起来，是因为其短小精悍的内容能丰富人们碎片化的生活。无论多长的视频，都需考虑开头的 3 秒钟，说来残酷，如果在开头的 3 秒未能吸引住用户，则会被滑入下一条，因为这一次又一次的滑过，就会失去进入更大流量池的机会。创作者要依据视频内容，合理设置视频时长，把故事说清楚，不要说废话。胜败有时候就在那一秒内，能少说一秒的无效内容，就有多提高一分完播率的可能。

《榄菊高能行动》（图 2-121）时长 19 秒，制作成一则游戏的形式，发布任务：追踪声音，利用光圈勘察并击败敌人。画面制作优良，将灭蚊与游戏相结合作为切入点，创意十足。该作品最终未获奖，缺点之一在于作品时长过短，导致视频内涵不够丰富，无法产生相关记忆点。

佳作奖作品《小文的命运》（图 2-122）以连锁画配合背景配音效果演绎了刚成年的蚊子小文，第一天出来没听清楚兄弟说了什么，误入榄菊陷阱，顿悟"见到榄菊就快跑"的故事。内容丰富有趣，整体时长 32 秒，故事梗概表达清楚，情节发展流畅。

图 2-121
《榄菊高能行动》
创意思想：通过游戏的形式来体现榄菊灭蚊灯的诱蚊、灭蚊功能。

图 2-122
《小文的命运》
创意思想：从一只蚊子的角度体现榄菊驱蚊的产品卖点。有榄菊产品，蚊子最终都会走向失去生命的命运。

《家有榄菊》（图2-123）以现实父子对话为主。"宝贝，如果爸爸妈妈同时被蚊子咬了怎么办？""不会的。""为什么呀？""因为我家有榄菊啊。"视频一共8秒钟，以经典命题"两者之间选一个"作为话题热度点是可行的，但作为短视频，时长过短，画面质量又较为粗糙，对于产品的宣传点传播价值不大，故未获奖。

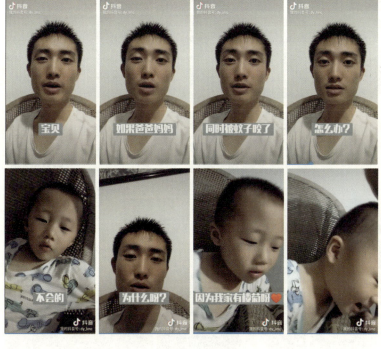

图 2-123
《家有榄菊》
创意思想：从妈妈和老婆同时掉进水里先救谁的经典问题演绎而来。

优秀奖作品《夏日守护者》（图2-124）时长51秒，作为影视广告来说时长是合适的，但在短视频赛道上，则显得略长。视频以真人演绎的形式，两只蚊子"特工"碰头分享今日战绩，想再叮一个人的时候，却碰到了钉子——榄菊驱蚊花露水，最后被无情消灭。故事条理清晰、画面过渡自然，让人有兴趣跟着节奏看下去。

优秀奖作品《更快一步没"蚊"题》（图2-125）从两个人进行微信视频这一视角出发，将两者之间互相攀比较劲的互动体现得淋漓尽致。首先，红

图 2-124
《夏日守护者》
创意思想：将蚊子形象拟人化，把蚊子的心理活动展现出来，凸显榄菊驱蚊花露水的强力驱蚊效果。

图 2-125
《更快一步没"蚊"题》
创意思想：采用两个年轻女孩视频通话这一形式，用轻松的日常对话逐渐引出榄菊的功效，方便记忆，利于传播。让大家在幽默的氛围、诙谐的语言以及有共鸣、有对比的剧情下形成"有蚊虫，用榄菊"的思维定势，拉近榄菊与年轻消费群体的距离，让榄菊品牌为新一代年轻群体所熟知。

158

衣女孩先说了一个昨天在网上看到的八卦，而后，黑衣女孩表示早就看到了。红衣女孩又说幸福街新开的那家饭店特别好吃，黑衣女孩则说自己昨天都已经吃了。几轮回合下来，红衣女孩败于黑衣女孩。最后，视频两端同时出现蚊子的时候，红衣女孩先一步拿出榄菊花露水，呼应了最后那句话"有蚊子用榄菊 快一步 没蚊题"。视频时长 51 秒，故事中的两个女孩一来一回针锋相对，情节跌宕起伏，节奏把握恰当，将产品巧妙地融入故事中。

### 3. 横竖屏方式的效果及案例解析

"美学"现象渗透生活的方方面面。当人观看短视频时，短视频会刺激大脑中的审美反应，达到情感编排效果，触发点赞、转发、关注等一系列自主行为。这就是为什么很多艺术家会加强作品的视觉语言来完成艺术表达的原因。在制作短视频时，有人也许会认为横竖屏仅仅是个人习惯使然，不会影响数据效果，但实际上是否横竖屏与观感是否良好紧密挂钩。

若将视频内容比作礼物，横竖屏视觉效果则是包装，用户第一眼会先看到包装。好礼物、好包装自然锦上添花，包装精美但礼物稍逊也会让人眼前一亮，故而加深印象。为了让短视频能够有更好的传播效果，创作者应当充分考虑视觉效果，具体问题具体分析，不同的内容采取不同的方式剪辑。

1）横屏方便沉浸

在大部分短视频中，横屏分为两类：一类为中间是视频，上下两端留白或加字幕修饰；另一类是将屏幕分为两块或三块，都是同样的内容。前者在播放视频时，能够让观众的视觉重心锁定在中间的横屏范围内，聚焦在精准位置，也更容易沉浸其中，故此类方式广泛运用于 Vlog 的拍摄或有关生活的记录等长视频。后者以横屏并列拼接的方式展示视频内容，重复即强调，相比单个横屏，此类视频内容表达完整、充实，情感输出更强烈，画面铺满整个屏幕，达到伪竖屏的效果，避免由于手机款式不同或拍摄尺寸不同带来的画面效果受影响问题，也将用户代入更沉浸的视频之中。

2）竖屏优化体验

竖屏将主体画面拉长，显得内容更完整、更立体也更有冲击力。此类视频常用于真人拍摄变装或小剧场演绎，因为当竖屏的视频占满屏幕时，观众与视频内容的距离迅速被拉近，也能为内容带来更好的视频效果。

《一榄无蚊》（图2-126）讲述的是一只蚊子穿越人群嗡嗡飞，叮到了一个人，但这个人有蚊香"护体"，最后只能坠亡的故事。视频采取横屏的方式，画面色调温馨、青春洋溢、生动活泼、通俗易懂。作为短视频，尤其是为产品传播服务的短视频，要能够适应大多数人的理解力，横屏的方式让这个短视频看上去更像是动画片在上映。

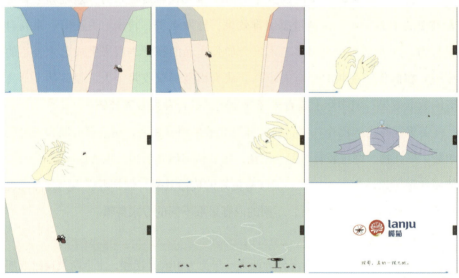

图2-126
《一榄无蚊》
创意思想：榄菊时时刻刻守护着人们不为蚊虫侵害，作品运用动画形式描述一个简单的灭蚊过程，一目了然，简单清新。

佳作奖作品《驱蚊不头痛，榄菊护清梦》（图2-127）以视频主人公的视角出发，主人公睡觉时被蚊子所困扰，联想到唐僧在给孙悟空念紧箍咒的场景，创意极佳。将榄菊与热门电视剧相联系，使得视频具有较强的传播力，加强了榄菊在消费者心中灭蚊一步到位的印象，同时视频采用竖屏拍摄，更能将观众带入故事的氛围中，达到了理想的传播效果。

优秀奖作品《蚊子历险记》（图2-128）创意新颖独特，选择人们普遍都

第二章 洞察决定创意

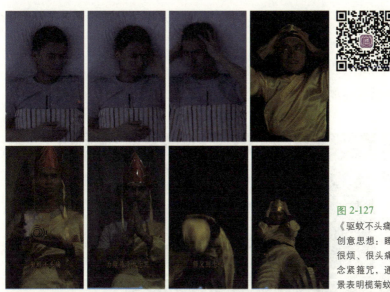

图 2-127
《驱蚊不头痛，榄菊护清梦》
创意思想：睡觉时，蚊子让人很烦、很头痛，就像孙悟空被念紧箍咒，通过两个相似的场景表明榄菊蚊香灭蚊的效果。

会遭遇的生活场景故事——睡着后会有蚊子叮扰，容易使人产生带入感。视频拍摄内容主题突出、画面简单明了、剪辑流畅。配乐符合视频的整体调性和节奏，横屏让人专注于故事输出。

图 2-128
《蚊子历险记》
创意思想：一只蚊子（拟人化）潜入女孩的家，看似危险慢慢逼近，等到这个"人"打开女孩卧室门的那一刻却昏倒了，榄菊蚊香液，守护每一个安心的夜晚。

161

优秀奖作品《"危险"任务》（图 2-129）采用卡通动画的形式，从游戏攻略角度出发，以竖屏的拍摄方式，讲述两只蚊子执行危险任务，夜深人静时潜入目标人物家中，由于敌方武器过于强大导致任务失败的创意故事。画面生动有趣，富有童趣的视角符合品牌年轻化的态度。

图 2-129
《"危险"任务》
创意思想：以动画的形式，通过蚊子执行"任务"的"神通广大"到后期被榄菊轻松消灭做对比，用幽默、轻松的方式体现榄菊的功效。

铜奖作品《Battle 必赢》（图 2-130）的主题是榄菊驱虫驱蚊。驱蚊是榄菊的产品效果，视频没有在一开始就点出来，而是通过对南方人、北方人一轮轮的比较，突出榄菊的驱蚊性。以竖屏的拍摄形式，把画面聚焦于人物，符合用户的观看习惯。

**4. 字幕字体的处理及案例解析**

字幕是指以文字形式显示电视、电影、舞台作品中的对话等非影像内容，也泛指影视作品后期加工的文字。随着时代的发展，字幕的作用远远不止解说文字，还可以用来调节画面氛围、强调突出主体、标注视频水印等。字幕对于短视频来说不是必要的，但会使视频效果加倍。

**1）字幕的运用**

字幕是短视频中最灵活的要素，可以在不同的时间、不同的位置任意插入。

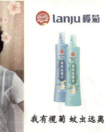

图 2-130
《Battle 必赢》
创意思想：视频以南北方差异为出发点，突出榄菊驱虫驱蚊、防痱祛痒的产品特点。以幽默对话的方式引起受众自发性传播，树立品牌年轻化形象，拉近与年轻消费者群体的距离。

插入字幕的多少、形式、内容……可形成属于创作者自己的视频风格，从而给用户留下记忆点。

如何运用字幕，一共有三种形式：第一种最为大众熟知，字幕作为标注画面出现，在场外作为内容的补充与装点，需要注意不要遮挡主体画面；第二种是当视频以横屏形式出现时，在留白处打上字幕作为视频内容的概括标记，或输出一些核心语句，与视频同步放映，加深用户印象；第三种则是直接作为视频内容，在短视频赛道上，纯文字的视频并不少见，但如何取舍同一画面时文字的多少和大小带来的不同的视频效果，是创作此类视频时常遇见的问题。

2）字体的选择

媒介字体有很多，不同的颜色、字号、风格带给人的冲击力和效果都不同。当拿不准如何选择字体时，就选择最大众化的，虽然可能并不是最好看和最令人满意的，但一定是符合大部分人审美和认可的。

常用的中文字体有宋体、楷体和黑体。宋体棱角分明，适合偏纪实或风格冷淡突出的短片和大片；楷书属于书法字体，比较飘逸，写得舒展的适合大气磅礴或复古庄严的视频，写得内敛的适合小清新或感情抒发较为细腻的视频；

黑体横平竖直，简洁大方，没有强烈鲜明的特点，百搭、通用。当不知道选哪种字体时，黑体一般是不错的选择。

入围奖作品《灭蚊大侠》（图2-131）以冷色调为主，描摹了一幅类似山水诗画的场景，如果最后没出现产品形式，很难让人联想到品牌的核心诉求。如果在故事发展的过程中，配以字幕输出文案，会让人在理解画面的同时，也能充分展开想象，在展示卖点外提高观感。

图 2-131
《灭蚊大侠》
创意思想：故事设定为一个灭蚊大侠的传说，通过介绍他的各种灭蚊手法来凸显榄菊产品。幽默有趣的短视频吸引了年轻消费者，通过故事传达"有蚊虫用榄菊"的理念。

优秀奖作品《蚊子求职记》（图2-132）以蚊子安全顾问招聘会的形式拍摄，新颖有趣。值得一提的是，在视频中，字幕作为人物的画外音补充，形式大胆，带给人的冲击力十足，增强了内容表达效果，使故事内容输出更加清楚。

佳作奖作品《沙雕蚊历险记1》（图2-133）从两只蚊子夜间探险的故事出发，画面开始采用的是较为飘逸的字体，中间作为蚊子说话补充运用的是较为圆滑的字体，表现出蚊子们的弱小。随着画面的发展，从前到后伴随它们说话的节奏，声画字幕相结合，增强了表达效果。

第二章 洞察决定创意

图 2-132
《蚊子求职记》
创意思想：作品把蚊子拟人化并赋予求职者与面试官的角色设定，从蚊子的视角呈现故事，无论多么"优秀"的蚊子都难逃榄菊的杀伤力，以此突出榄菊产品的强大功能。同时，大开脑洞的幽默对话和场景设计更利于实现病毒式传播。

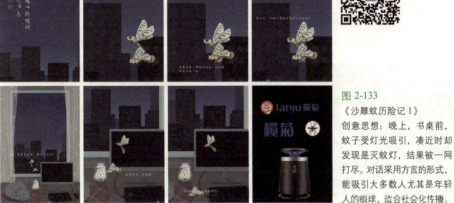

图 2-133
《沙雕蚊历险记1》
创意思想：晚上，书桌前，蚊子受灯光吸引，凑近时却发现是灭蚊灯，结果被一网打尽。对话采用方言的形式，能吸引大多数人尤其是年轻人的眼球，适合社会化传播。

《蚊虫的苦》（图2-134）运用经典动画片《海绵宝宝》的画面加上重新配音制作而成。原画面与新配音配合程度较好，但只是用装饰物将原字幕进行了不完全遮挡，添加的新字幕又略显稚气，在一定程度上影响了视觉效果。

优秀奖作品《脚心往事》（图2-135）内容紧贴主题，诉说一条曲折的感情线，将"她"设置悬念,最后揭晓为蚊子,在与它的爱恨纠葛中扯出一段"脚心往事"。作品一共运用了两种形式的字体,都是比较常见的,简洁大方,作为标题和字幕都很好地补充了画面内容,有助于输出核心主题和产品的相关卖点。

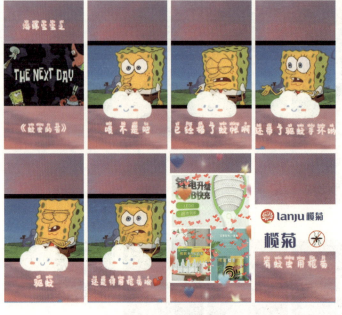

图 2-134
《蚊虫的苦》
创意思想:利用当时抖音很火的梗"喂,不是吧"来表达,用了很多驱蚊手段都没什么效果,最后还是得榄菊出马,充分输出了"有蚊虫,用榄菊"的认知。

图 2-135
《脚心往事》
创意思想:通过魔幻的拍摄手法、文艺的台词解说、严肃的演艺、荒诞的故事,将这极具王家卫风格的广告片,添加年轻人更能接受的幽默气质,提高了品牌的社会传播力。

# 第三章
# 洞察决定传播

**导语**

　　好的洞察是品牌传播的"眼睛",能使品牌把握和了解用户内在的欲望、兴趣和诉求,从而将理解转化为创意呈现给消费者,因为受众经常无法表达出他的需求,只有当品牌在传播中满足受众的潜在需求甚至超越其想象的时候,才有可能脱颖而出。

# 第一节　传播，走进年轻人的心里

## 一、榄菊传播的年轻化策略

成立于 1982 年的榄菊是经典的国货品牌，经过 40 年左右的发展，现已成为中国家庭卫生杀虫制品行业的实力企业，深受消费者认可。随着新生代的崛起、人们消费观念的转变，年轻人逐渐成为消费主力军，这也意味着榄菊进行品牌年轻化的改革势在必行。

作为一个积极尝试品牌年轻化的品牌，榄菊更加愿意了解当下的市场趋势；榄菊以年轻化为品牌目标，其传播策略贴近年轻群体的日常生活，准确把握年轻人的消费偏好和习惯。榄菊年轻化传播的成功策略主要有以下几个方面。

**1. 营销 IP 化**

营销 IP 化不只是一个营销手法，还是一个企业经营思维，甚至可以成为企业的业务增长点。榄菊借助营销 IP 化的经营策略在日化行业走出了自己的一条康庄大道。

1）什么是营销IP化

IP 一词来源于 "intellectual property"，直译为"知识产权"，但随着网络自媒体、版权改编等风潮的来临，其含义逐渐丰富。如今的 IP 更多的是作为一种符号象征而存在，IP 在文创、科技、商业、个人等方方面面都存在着，如今的 IP 商业化路径已经有着一个较为成熟的体系——营销 IP 化。

营销 IP 化需要品牌自身对其价值点进行挖掘，然后将产品、企业价值、品牌价值点进行整合，为品牌打造出文化，然后进行利润创收。在这个信息爆炸、品牌泛滥的商业环境中，榄菊不断地对自己的营销策略进行革新，对营销 IP 化的价值进行深刻反思。

## 2）营销IP化战略

空有所谓的"IP形象"，但没有企业的"IP战略"，等于自欺欺人。

IP的直接构想可以是天猫的猫天天、腾讯的企鹅等，又或者是迪士尼、漫威等经典形象，但IP的内涵显然不止于此，可口可乐的红色带、麦当劳的金拱门其实都是品牌IP的具体表现。

成熟的IP有一种魔力，我们也可以将营销IP化看作是一种精巧的感情博弈。可以把营销IP化看作是粉丝经济的进一步延伸，营销IP化的过程，就是不断地将潜在消费者变成忠实粉，将老用户变成品牌狂热粉的过程。

榄菊近年来通过多媒体渠道，尤其是抖音平台，利用线上线下活动相结合的营销IP化方式不断地将植物力量、驱虫功效强的国货品牌理念植入消费者心中。榄菊始终保持着年轻化心态，在品牌传播上，其不断尝试创新、有趣的玩法，贴近年轻的消费群体。新年伊始，榄菊打造《欢洗disco》（图3-1），凭借魔性的歌词、上头的曲调以刷屏之势引爆春节档。榄菊总裁薛洪伟亲自参与，抖音作品传播极广。同名抖音挑战赛以超过4亿次的播放量火爆全网，获得第27届中国国际广告节品牌塑造案例奖。该视频在抖音平台中获得了极高的热度，也为榄菊在营销IP化的道路上提供了助力。

此外，榄菊从2018年到2020年一直在深耕榄菊驱蚊舞、"4·21爱家消杀日"两个营销IP化项目，通过短视频平台、直播平台等与

图3-1
《欢洗disco》

高质量 KOL 进行深度合作，将榄菊的植物力量、高质量国货品牌等理念植入年轻人的心中。

### 2. 直播知识化

如今的直播平台中，知识化直播内容占比较少。即使在互联网时代，知识普惠的壁垒依然存在。但近几年来，随着各行业的价值升级、直播平台的竞争越发激烈，知识类直播渐渐出现在人们面前。随着新冠肺炎疫情的发生，新的教育模式被迫涌现，知识学习场景迅速进入网络直播平台。

目前，知识内容的重要性被行业、社会、国家提升到一个新高度，各种"知识计划"在各大网络平台被陆续发起，抖音等平台尤为突出。

榄菊在抖音等平台上发布了许多蚊虫科普类视频，获得了 PCO 文优秀奖、B 站科普三等奖。榄菊官媒利用年轻人喜欢的条漫、漫画 IP、迷你屋显微镜、深度文、蚊虫观察室、科普解答、真人实测、产品测评等有趣、高热度的创作手法在全年所有平台内容产出阅读量达 1928 万人次，互动高达 33.2 万人次，全年带货 880 件，创收 2.1 万元的好成绩（数据来源于网络）。这就充分说明了榄菊直播知识化策略的高明之处。

此外，直播知识化也取决于如今 Z 世代人群对于信息攫取的速度、广度更大的特点，这些特点使得他们对品牌有着更高的质量要求，那么与之相对应的品牌也应该做出更加符合其潜在消费者的传播策略。榄菊在 B 站联运触达 Z 世代（图 3-2），结合专业内容——产品测评、产品实验进行知识传播，并对经典榄菊广告进行二次创作改编，在直播栏目上播出杀死四害的 100 种方法，从而更好地影响 Z 世代用户。

此外，榄菊紧随互联网营销发展趋势，制订"全员直播计划"，打造员工网红，融入线上直播热潮，还联合丁香医生、知乎等向消费者传递蚊虫防制专业知识，树立起"榄菊有害生物防制专家"的形象，广受网友好评。

### 3. 内容娱乐化

内容娱乐化将广泛吸引游离的注意力，其影响无所不在，正逐渐渗透到经济增长、文化演进以及人们社会生活的所有层面，内容娱乐化已经是一种趋势

图 3-2
B 站联运触达 Z 世代

和战略选择。

如今是一个娱乐觉醒的时代。娱乐早已经融入我们的生活,成为大众习以为常的一种生活方式,也是一种必需的精神需求。在这个日益"娱乐化"的媒介文化大系统中,娱乐文化把娱乐、传媒、经济、文化凝聚成一个"动力学"过程,几乎将每一个人裹挟于其中。

榄菊借助有趣、新潮的线上传播模式,改变以往的传统战略,在网络平台布下新媒体矩阵,参加各种新星计划,汲取年轻血液,为品牌注入高活力。在娱乐化浪潮席卷而来的时代,榄菊通过内容娱乐化的生存方式,可以最大限度地借力借势,制造连绵不绝的叠加式传播效应。例如,2020 年,榄菊在抖音平台举办了"身临其境有害生物#全民配音挑战赛#"(图 3-3),邀请广大抖音

图 3-3
身临其境挑战赛图片

网友改编配音作品，并借助综艺节目《身临其境》的热度将"身临其境有害生物＃全民配音挑战赛＃"送上热评前列。

此外，基于对消费者痛点的洞察，榄菊连续四年选择在每年的4月21日举办公益日活动，向民众普及蚊虫防制知识。不过，由于科普活动本身具备一定的认知门槛，加上品牌与实际科普内容的结合方式有限，因而会对品牌的公益营销产生一定的阻碍。

针对这一难题，榄菊先是联合某脱口秀达人，在抖音发布"晒包"视频（图3-4），并通过百位KOC（关键意见消费者）与李雪琴一起合拍，吸引了大量的抖音用户参与话题互动。这种创意呈现方式，避免了因科普具有认知门槛而难以让广大用户深度参与的问题，成功掀起了一场全民参与的"防蚊热"，为榄菊"4·21爱家无虫日"公益直播提前做了全网预热（图3-5）。

图3-4
"晒包"视频

图3-5
"4·21爱家无虫日"公益直播

在"4·21爱家无虫日"公益直播活动中，榄菊联合生命时报、中国天气，发布了《2021中国蚊"包"趋势报告》，并用幽默风趣的方式围绕消费者对于蚊子叮咬后留下的包的疑惑进行科普，通过生动有趣的沟通方式，筑起了品牌与消费者之间沟通的桥梁，实现了信息的有效传播。此外，借助生命时报、中国天气等权威平台的背书，为活动带来公信力的加持，有效提升了品牌传播的深度，进一步强化了榄菊的驱蚊专家形象。

五一前夕，榄菊公众号和众多微信自媒体同时上线榄菊鉴"包"研究所 H5（图 3-6），让全体网友参与到识"蚊包"、鉴"蚊包"的体验中来，延续了最初的趣味科普调性。同时，通过持续、深层次的互动、体验和参与，不断强化榄菊专业、新潮、有趣的品牌形象。

图 3-6
榄菊鉴"包"研究所 H5 截图

此类营销活动便是内容娱乐化的高效体现，有趣的形式与有价值的内容相辅相成，成就了高影响力的品牌活动。

### 4. 自媒体拟人化

近年来，随着社交媒体逐渐发展成熟，一些品牌逐渐进入大众视野。"他们"谈吐幽默、知识渊博、粉丝众多。消费者乐意去关注"他们"，与"他们"聊天，并在不知不觉中成为这些品牌的追随者。品牌通过这种从"它"至"他"的转型，微妙地影响着消费者看待它们的方式。管理者、研究者们将这种新型的品牌沟通模式称作"拟人化沟通"。拟人化沟通不仅能够获得消费者的关注，也能够吸引更多的消费者选择这些品牌。从现象上来看，在拟人化沟通中，品牌往往选择"谈天说地"的方式拉近与消费者之间的距离。

自媒体拟人化与拟人化沟通本质无异，成为近几年新兴的营销手段之一，不少品牌利用这种方式为自身的品牌或产品提供独特的营销价值。很多信息已不再是与品牌强关联的，这缓和了消费者接触品牌时的戒备情绪，提供了更高的感知自由，从而达到了品牌态度的上升。一个有态度的品牌，才能在市场中立于不败之地。榄菊利用其完善的新媒体矩阵，积极贴合消费群体，了解消费者心中所想、真实所需。例如，在B站的驱蚊科普视频评论区里，通过"卖惨""卖萌""玩热梗"等方式引起网友注意，提升互动性，"求关注""求转发"增加了传播广度（图3-7）。这种拟人化沟通拉近了消费者和品牌的距离，恰如其分地起到了让品牌真正"活"起来的作用，让品牌与消费者"面对面"地交谈，让品牌打入消费者心智，实现消费者和品牌的价值共创。

图 3-7
B 站截图

## 5. 品牌年轻化

2019年10月，榄菊与中国大学生广告艺术节学院奖（以下简称学院奖）达成战略合作（图3-8），利用创意星球网站和广告人集团丰富的高校资源，启动千校创意工程，征集到万余件由 2578 所高校学生基于榄菊品牌认知而创作的参赛作品，涵盖平面广告、营销策划、微电影、短视频等多个类别。凭借精彩绝伦的创意，2020 年 8 月，榄菊推荐的作品斩获学院奖全场大奖，标志着榄菊品牌年轻化的成功突破。2021 年春季，榄菊和创意星球联合开展社会化媒体创意传播大赛，鼓励高校学生通过 B 站、小红书、创意星球等社交媒体账号，以图文、短视频、Vlog 等年轻人喜闻乐见的表现形式分享消费者与榄菊的故事。这些作品用时下流行的媒体平台进行大面积的社会化传播，用户的点赞、评论、转发无形中扩大了榄菊品牌的知名度和品牌声量，搭建起榄菊和更多潜在消费者之间的沟通桥梁。

图 3-8 榄菊与中国大学生广告艺术节学院奖达成战略合作

除了与学院奖的合作外，从宏观上看，榄菊的品牌年轻化还体现在以下三个方面。

### 1）定位年轻化：产品下沉聚焦年轻群体

传统国货品牌大多起源于 20 世纪末，作为现有消费市场主力的"90 后""00 后"鲜少对其有完整的品牌认知。父辈一代的消费者注重产品的实用性，而年轻群体更看重品牌产品是否契合自己的价值观与生活方式。因此，榄菊聚焦年轻用户，分析其消费心理与消费习惯，践行产品下沉战略。年轻一代对杀虫产品的需求已不仅仅是消杀，护肤和健康逐渐成为他们期待的元素。基于对消费痛点的精准把握，榄菊保持着敏锐的市场洞察力与市场前瞻性，营销重心也实现了从"驱"

到"护"的转型,在加强品牌理念与定位的同时,再次引领了消费升级。

2)内容年轻化:次元审美塑造品牌记忆

新媒体时代,年轻人的内容审美出现亚文化、分圈层的倾向,目前已有部分企业借助国潮或二次元等文化,采取拟人化沟通的营销策略,推出具有品牌特色的IP形象。成功的IP营销不仅使品牌在市场上更具辨识度,更通过某种符码层面的"仪式",将拥有共通意义空间的人们聚合在一起,打造出品牌独有的集体记忆。榄菊积极开拓IP建设布局内容营销,在天猫国潮第二届国风大赏中,榄菊携手中国古代绘画艺术经典之作——中国永乐宫壁画文化IP推出联名限量版国潮宝盒。传统文化的传承联合国货品牌的推广,榄菊与永乐宫文化IP完美携手(图3-9),在发现古典文化价值的背后,既是弘扬民族文化的机遇,也是建立品牌年轻化形象的关键所在。

图3-9
榄菊与永乐宫文化IP完美携手

3)媒介年轻化:渠道重组扩大品牌声量

品牌要想实现年轻化转型,必须主动进入互联网领域,布局新媒体矩阵,优化媒介组合战略,加强与消费者的互动。纵观榄菊的品牌年轻化过程,从线上看,榄菊既能积极地与年轻受众群体广泛的国家级媒体CCTV合作,又开辟了微博、抖音、小红书等新媒体矩阵;从线下看,榄菊深入高校巡讲,搭建线下消费体验店，吸引年轻群体的关注，为品牌积累潜在的消费者。品牌与消费者在不知不觉中搭建起了共通的意义空间，极大地提高了榄菊在年轻群体中的知名度与美誉度。

## 二、矩阵透视

在新媒体视阈下，网络传播的触角被延伸到更宽阔的时空维度。个性化、交互性、实时性的新媒体正引领着新一轮企业营销范式革命。我们每天都在借助多元的网络媒介接收与以往相比数量更加庞大且内容趋向分散的信息，企业想通过单一的新媒体平台实现自身品牌传播非常困难。而想要合理利用新媒体平台，发挥它们的最大价值，就需要建立一个良好的新媒体矩阵。

### 1. 新媒体账号全面布局

目前榄菊已经形成了自身的新媒体账号矩阵，涉及微信、抖音、微博、知乎、小红书、B 站等多个颇受大众尤其年轻消费群体喜爱的平台（图 3-10）。

#### 1）微信

榄菊的微信号（图 3-11）有高达 25 万名的活跃群体，账号内容以文章为主，发文导向偏向专业和趣味性科普答疑的结合。基于微信平台家庭、亲友的社交

图 3-10
榄菊新媒体矩阵

分享属性，该账号运作的内容、形式便于受众"由小圈层到大圈层"的逐层传播。

2）抖音

在抖音这类更年轻化的平台上，榄菊在内容创作上也有所变化。该账号内容多为榄菊使用场景再现的短视频，幽默诙谐的视频风格、严谨实用的科普知识，让榄菊抖音账号收获了 8.1 万名忠实粉丝，获赞高达 81.5 万人次，其中还不乏一些热门、成功的经典话题创作，如"这就是驱蚊舞""欢洗 disco"（图 3-12），在走近观众视野的基础上，还大大调动了观众的参与度，词条点击量突破 4 万，更有"大 V"和网友积极留言，给出真实、好用、感同身受等中肯评价。

图 3-11
榄菊的官方微信号

图 3-12
抖音的"欢洗 disco"话题

3）微博

榄菊凭借正确的运营方式，拥有了 19 万名微博粉丝以及 21 万次的互动量，该账号积极关注蚊虫信息，发布企业活动宣传，不断地与其他品牌创新联动，让受众能真切地感受到这家国民企业正努力地了解用户的需求并不断做出改进。2020 年年初，榄菊与最具公信力的 CCTV 官媒合作，其微博账号"中国天气"与榄菊携手打造全国蚊子预报地图（图3-13）等相关活动，"中国天气"在微博发布后，相关热搜上榜7次，收获人民日报、光明网等诸多官媒转载，话题阅读量超5000万人次。2021年4月21日，榄菊联手生命时报、中国天气举办了"2021中国蚊包趋势公益直播"，微博观看人数高达547万人次。（数据来源：美兰德咨询）

4）小红书

小红书以笔记分享和短视频安利的形式为主，榄菊主要输出趣味科普和产品试用的相关漫画和短视频。针对这种Z世代用户活跃、素人创作者偏多的高度社区化媒体平台，为实现品牌年轻化，榄菊面向高校开展了社交媒体传播大赛，让大学生群体结合榄菊产品特性创作出符合平台主流审美的作品，加大了年轻人之间圈层文化的影响力和传播效益，提升了榄菊在小红书上的知名度（图3-14）。

图3-13
全国蚊子预报地图

图3-14
榄菊小红书官方账号

## 5）B站

B站主要提供二次元文化作品及PUGC视频（专业用户生产内容），榄菊官方账号以趣味蚊子搭配科普视频进行品牌形象的循环传播。和小红书一样，B站的用户大多是"90后""00后"等Z世代青年，该群体对创作内容水平要求较高，对热点元素的关注更迭较快。榄菊通过高校传播赛的形式，激励以年轻人创作的内容来了解、满足年轻人，在此过程中不断摸清年轻群体的偏好和价值观，更好地实现榄菊自身的产品下沉（图3-15）。

## 6）知乎

在知乎这类问答平台，用户多集中在"80后""90后"等群体。榄菊官方账号主要用来回应消费者对蟑螂识别、防治、消杀的问题，并科普相关蚊虫知识。该账号专业性较强、实用性高，共获得知友们的分享推荐和2930次认同（图3-16）。

图 3-15
榄菊官方 B 站账号

图 3-16
榄菊官方知乎账号

作为中国消杀行业领军企业，榄菊不断整合传播渠道，打造有影响力的传播矩阵，通过多元化营销方式塑造立体的品牌形象，使得品牌形象深入人心。

**2. 品牌传播效果增速**

良好的新媒体矩阵可以让品牌传播达到"1+1>2"的效果。榄菊对媒体矩阵的精准把控和全面布局为品牌发展扩大了声量，获得了以下显著成果。

1）榄菊在互联网端的媒体关注度持续增长

自 2021 年以来，榄菊在新闻网站、客户端、自媒体号上累计发文超过 12000 条，第二季度环比更是增长了 70%。榄菊品牌的朋友圈关注度上升，微信公众号刊发量 10650 篇，较 2021 年提高 66%（图 3-17）。

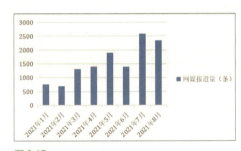 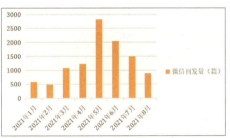

**图 3-17**
网络报道量、微信刊发量
数据来源：美兰德咨询。

2）成功打造营销事件，实现营销话题爆破

以微博平台为例，2021 年以来榄菊的微博提及量超 15 万条，社交热议度迅速增长，环比提升 55.4%。其中 2021 年 4 月榄菊发起的"4·21 爱家无虫日"活动，邀请到某"大 V"参与，互动量超 4.4 万人次，备受网友好评。微博相关话题阅读超 4261 万人次，如"我的榄菊故事"获得 1900.8 万次的阅读量，参与人群不乏大学生这样的年轻群体，他们也留下了许多热评："榄菊，我的超人""为什么榄菊那个蟑螂药味道跟珍珠奶茶一样啊！我的妈呀我都想吃了"（图 3-18），这也为企业增加了不少信心。榄菊的网络用户多分布在广东、北京等地，结合地域特色，榄菊也在抖音这种年轻化平台发布有关话题内容，如"当你邀请广东朋友去爬山"，点赞量高达 22 万人次。

图 3-18
微博话题截图

榄菊积极挖掘时下热点和消费者兴趣点，利用新媒体矩阵与他们互动形成共鸣，传递品牌态度和价值理念，将以人为本的国民企业品牌形象深深地根植在消费者心中。

## 三、榄菊传播的网红元素解密

如今的网络营销大都基于各网红元素，电商平台、自媒体平台、短视频、直播，这些都成为网红元素最好的生产渠道。

从变现方式上看，网红元素经济已从传统的电商、广告、出版模式，逐渐转向直播打赏、内容付费、服务付费等多种形式，且各种创新依然层出不穷。以下是榄菊对于自身的营销战略中各类网红元素的解密。

### 1. 小红书达人多效种草

小红书区别于其他平台最显著的特点是以兴趣消费、社交种草为核心，强调真实体验构筑而成的信任闭环。这种信息闭环以小红书达人多效种草为重点。

在小红书上，品牌更倾向于以优质内容与消费者接触，通过内容和关系网络实现产品卖点与品牌价值点的精准传递。在人人都是"种草官"的闭环链路中，普通人将消费决策重点交给了乐于分享购买感受并有能力创作优质内容的"普通人"。这种重点转移主要基于优质的小红书达人，一种为 KOL，另一种则是消费意义更重的 KOC（关键意见消费者）（图 3-19）。

榄菊在小红书平台进行重度种草，通过图文笔记、生活小视频等UGC（用户创造内容）内容，激发用户场景联想，诱导消费。榄菊通过KOL、KOC撰写产品种草笔记、好物分享等引导消费者对品牌及产品形成深度认知。通过2021年7月的品牌深入，用户在小红书搜索核心词"榄菊"，其信息栏下拉及首页TOP10无品牌负面信息，小红书首页搜索"蟑螂药"TOP10中有1条品牌信息，"杀蟑饵剂"则在小红书首页TOP10中有7条品牌信息。据此，榄菊通过小红书达人合作推广的确达到了多效种草的结果（数据来源：榄菊2021年7月SEO优化项目总结）。

榄菊借助"品牌—KOC/KOL—消费者"的影响链路：品牌端和商家端通过KOC/KOL在小红书积攒口碑和影响力，进而影响客户端的消费决策，根据平台流量规则，利用多工具联动共振，获得理想的曝光。

图3-19
小红书达人的分享截图

**2. 网红节气赋能**

在文化创意产业发展潮流日益兴起的同时，国家文化政策也大力引导，因此当代人特别是当代年轻人对于打动人心的文化创意产品的需求增多。而我国的二十四节气作为世界性的非物质文化遗产，浓缩了几千年以来中国人的生活方式以及科学精神。在这个国货、国潮被年轻人追捧的时代，二十四节气是一个不错的品牌营销切入点。

2019年11月15日上午,沐浴着南国冬日的暖阳,"中国天气·二十四节气研究院"携手榄菊共同成立的"节气与病媒生物习性联合研究院",荣获ADMEN国际大奖营销整合类实战金案奖的"携手中国天气,打造顶流专业传播生态",充分体现了榄菊对全新营销渠道的掌控。榄菊与CCTV合作,依托中央电视台、中国气象局、中央气象台的多重背书,获得长效曝光和权威赋能,有效提升品牌影响力(图3-20)。同时,榄菊与中国天气联合发布《2020全国蚊子出没预报地图》《2021全国蚊子预报地图》《全国灭蟑姿势地图》等特色内容,内容新颖有趣,借助新媒体平台造势,契合年轻受众心理,迅速掀起话题热点并产生持续性的深远影响,为品牌赢得年轻消费群体的喜爱。

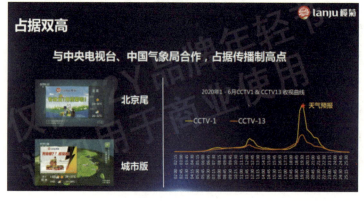

图 3-20
传播收视曲线

## 四、总结

随着Z世代逐渐成为消费主力军,品牌年轻化也成为许多品牌所要面临的重要课题。怎样打通公域与私域的间隔、营造更加互动交融的营销模式,让品牌迸发出无限的活力?榄菊通过一系列的新媒体战略布局诠释了自己的答案。

榄菊以创意为媒、作品为载,通过优秀的品牌营销所产生的延后效应,释放出专属于青年人群的品牌活力,帮助榄菊实现了企业价值观的输出、品牌和产品的传播、蚊虫防制知识的科普，同时也不断刷新了大众对榄菊品牌的期待与感知，让榄菊与其他的内容营销有了区分，帮助其触达更多的不同圈层的年轻用户。

# 第二节　适合年轻人的传播平台及内容分析

## 一、当代青年媒体接触习惯分析

根据中国互联网络信息中心的调查报告，截至 2020 年 12 月，我国网民使用手机上网的比例达 99.7%，与此形成对比的是，网民使用台式电脑、笔记本电脑上网的比例分别为 32.8%、28.2%。手机成为无可争议的网民第一接触媒体。由于手机的便携性和智能化，对于"90 后""00 后"年轻一代，手机更是已经成为一件"器官"，日常生活场景中，手机不离身已经成为常态。作为移动互联网最主要的接入设备，手机不仅能够充分利用年轻人的一切碎片时间，而且能够实现实时性、伴随性媒介接触，整合年轻人所需的一切媒介内容和生活信息。一部功能强大的智能手机成为当代年轻人的标配，辅以笔记本电脑、平板电脑等办公学习设备，当代年轻人的媒体接触习惯表现出全场景、社交性、圈层化、表演性等使用特征。

### 1. 当代年轻人的生活场景与移动互联网深度融合

如果问"90 后""00 后"，你是否已经半年甚至更长时间没有用过现金？你是否已经习惯手机支付甚至购物只带手机出门？当代年轻人的回答一定不会让人意外，"90 后""00 后"当中回答"是"的比例一定很高。移动支付应用的普及只是当代年轻人生活场景的一个缩影，即时通信、网络购物、网上外卖、远程办公、网约车、网络视频、在线医疗等应用的普及，使得年轻人已然习惯于生活在一个 360°全场景的媒介包围中。

一方面，我国互联网基础设施和互联网行业的飞速发展使得各类新兴媒介应用层出不穷，为当代年轻人提供了史无前例的全媒体、全场景网络覆盖环境；另一方面，青年人因其对新鲜事物天然的好奇性与适应性，也使得他们在接触媒介的过程中呈现出无穷的创造性与传播力。

### 2. 当代年轻人媒体接触具有鲜明的社交性

Web 2.0 时代初期，SNS 网站等媒体被称为社交媒体，现如今，几乎所有的媒体都是社交媒体。与传统媒体时代的"大众门户"不同，"个人门户"成为社交媒体空间的常见传播节点。盘点如今炙手可热的媒体平台，无论是微博、B 站，还是抖音、快手、小红书，海量的自媒体都是这些平台的信息传播主力军。在个人门户的传播模式中，社交和分享是内容生产与传播的动力。当代年轻人在社交媒体发布一则短视频、记一条笔记，目的不再是为了获取信息，而是基于社交的需要，他们渴望被他人看见，渴望融入相应的社交圈子。因此，社交因素的添加有助于一则内容被更多人的关注与分享。

### 3. 当代年轻人因分享融入不同的圈层

网络空间既有基于已有社会关系移植的圈子，如同学、同事或闺蜜等组成的微信群，也有纯粹基于内容分享形成的陌生人圈子，如购物分享、学习交流、粉丝等圈子。虽然不同的圈子内部成员之间关系的紧密程度、参与程度均有所不同，基于成员关系而形成的圈子大小和边界明晰度也不同，但因为圈子成员在兴趣、爱好、文化方面的共同点，圈子内的信息分享容易获得更高的关注度和更深的认同感，而这种关注和认同又增加了分享者的信心和成就感，进一步提升其对圈层的认同感和归属感。圈子内部和圈层之间的内容分享，也成为引发网络热点的重要来源。

### 4. 当代年轻人使用媒体被赋予表演性

可以说，这是移动互联和智能设备赋予当代年轻人最为独特的权利。智能手机傻瓜化的录音录像功能，赋予年轻人随时随地记录生活的自由空间，各种滤镜、特效的便捷使用，也使年轻人获得了越来越丰富的表达手段，便于塑造想象中的自我形象。当代年轻人在思想上更加开放、先进、包容，也追求更加美好、多元的生活方式。因此，无论是"打卡"般地记录生活，还是热心肠的经验分享，或是看似无聊的随意吐槽，年轻人的表达都带有很强的自我意识与表演性质，营造自己理想的网络形象的同时，也体现出年轻人热衷的生活方式和文化态度。

## 二、小红书的传播属性及创意内容分析

### 1. 小红书社交平台属性

#### 1）小红书的成功运营

小红书平台创办于2013年，通过深耕UGC（用户创造内容）购物分享社区，短短4年内便转变为全球最大的消费类口碑库和社区电商平台。小红书在短时间内，凭借着优质的内容创作、UGC资本储备将流量变现，做出一份优秀的商业变现作品。

小红书在整个运营过程中，从最开始便以社区为基础，借助大量用户的创作积累、分享裂变、数据沉淀，再到产品精选，"爆款"出场的一系列升级型营销，奠定了小红书目前生活分享平台兼新一代社区电商的定位。作为创作者的学生便应该从此入手，厘清平台调性，在自身的作品中加入真实的生活经验、好物分享、趣味表达等元素，促进媒体作品的传播。

此外，相较于抖音、B站，小红书有着更为成熟的社区电商平台，该优势的打造源于社群经济。社群经济是指互联网平台上一群有着共同兴趣、价值观的用户聚集在一起交流、合作，并互相影响，然后对产品品牌本身产生利润价值带动的经济关系。这种经济关系建立在产品与粉丝群体之间共同建立的情感信任和价值反哺上。创作群体与用户群体之间的关系并不会泾渭分明，它们相互融合、相互作用。创作的内容、用户的反向输出形成更加全面的社交模块，社交会带来流量，流量则会带来消费。小红书因此更大限度地输出了红利。

#### 2）小红书的平台优势

当然，如果单纯地认为数据流量大就可以做好社群经济是不严谨的。与其他平台相比，小红书平台还拥有以下优势。

（1）用户群体以女性为主。有数据显示，在小红书平台中，女性用户占据多数，其用户群体多为"80后""90后""00后"。其中，"80后""90后"是消费主力，而"00后"群体将逐渐成为消费主体，新媒体时代下成长起来的"00后"将会是一群与小红书平台高度交融的消费者。另外，小红书用户多分布于一二线城市中。女性群体普遍注重生活品质，有着一定的消费能力，对喜欢的事物乐于分享、乐于探索，对未知的事物也会愿意接受。

（2）传播内容以信任度为标准。小红书的内容产出首先在于那些黄金用户在平台中的购物经验与好物分享的现实经历。在小红书平台中，优秀的笔记、视频作品都有着很高的真实性；创作者还可以和用户进行近距离互动。这些优势是传统电商不具备的，使那些有消费需求，但对产品、品牌等缺乏较强认知的用户与小红书平台有了极强的黏性。

（3）流量变现以积累为上。在目前的商业平台中，小红书更加注重优质内容、优质粉丝积累。抖音主要注重曝光量，有了一定的粉丝基础量之后，创作者才开始直播带货、低价促销。B站强调创作的优质、有趣，并没有形成更为完整的纯商业平台。小红书则侧重于对产品推广的口碑沉淀和积累。小红书的用户会更加倾向于接受真实的消费经验、消费分享，真实性提供了较高的转化率和引导性。

### 2. 小红书平台创意内容分析

榄菊社会化媒体创意传播大赛一等奖作品《危险情人》（图3-21）讲述了一个蚊子与人类的爱恨情仇的故事。作品借助网络热点话题《情人》、网络热词"蛋饺肉丝"（dangerous），抓住小红书平台对网络热词敏感、年轻受众众多、好物安利效果极佳的特点，进行病毒式传播。作者团队将蚊子对人"爱而不得"的情节进行戏剧化处理，逐渐升温的关系、幽默的情节递进、轻松搞笑的动作表情、恰当巧妙的节奏，再加上团队成员的默契合作，将榄菊驱蚊液高效驱蚊的特点淋漓尽致地体现了出来。

二等奖作品《白白胖胖，红包退散》（图3-22）主打榄菊产品驱蚊这一功效。作品选择在小红书传播，借助小红书图片类安利软文、plog等热门分享

图 3-21
《危险情人》
创意思想：作品改编了当红偶像的出圈歌曲《情人》，以 MV 的形式体现出蚊子对主角的痴缠，榄菊驱蚊液使蚊子"爱而不得"，陷入危险，结合歌曲延伸出的热梗"蛋饺肉丝"（dangerous），诙谐幽默地体现出榄菊驱蚊液高效驱蚊的特点。

形式，抓住观众的视觉中心，进行内容传播。画面中是排列整齐的包子，但其中有一只包子是白色的。这种较为强烈的视觉对比给观者留下悬念，受众自然会想要点开链接一探究竟。结合品牌 LOGO 与文案"白白胖胖，红包退散"，受众能轻而易举地明白那些包子是被蚊虫叮咬过后留下的肿胀红包，榄菊的出现可帮助人们进行高效驱蚊。

二等奖作品《榄菊助力，运动不止》（图 3-23）为榄菊添加了运动元素，打破了宣传常规。清新活泼的夏日情景、青春靓丽的滑板少女、日常生活中的点滴与夏日高效驱蚊的榄菊相遇。轻松愉快的音乐节奏与贴近生活感受的短片内容准确地击中了年轻消费者。作品与小红书的热门内容创作风格相符，听觉、视觉、感情三方面都与小红书时尚、追求美好生活、安利生活好物的产品调性相符，本作品自然可以搭上小红书这一传播快车，将"榄菊助力，运动不止"的广告语打入消费者心智。

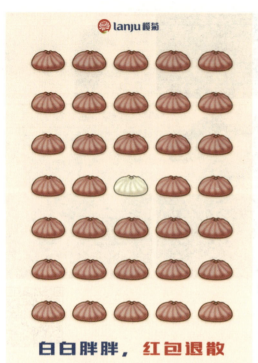

图 3-22

《白白胖胖,红包退散》

创意思想:包子为中国传统美食之一,榄菊也属于老字号国货品牌,用红色"包子"喻指被蚊子叮的包,和白色"包子"形成对比,以幽默的形式,体现榄菊驱蚊的功能属性。

图 3-23

《榄菊助力,运动不止》

创意思想:添加运动元素,打破驱蚊液广告宣传常规,为传统广告注入活力,让广告更加年轻化。滑板运动少女与榄菊的夏日完美邂逅,有了榄菊的护航,不再畏惧蚊虫干扰。

三等奖作品《去虫》（图2-52）巧妙地利用我国的汉字元素，借助汉字独有的偏旁部首进行创意输出。苍蝇、蚊子、飞蛾都是我们最痛恨的虫子，也是榄菊最重要的消灭对象。作者借此直截了当地指出榄菊的最终目标，虫字旁的消失突出了榄菊驱虫水平极高的特点。简洁明了的创作风格、直言不讳的广告内容，帮助榄菊更有趣、更轻松地进入消费者心中。如此非千人一面但又接地气的传播内容自然可以在充满生活气息的小红书中脱颖而出。

三等奖作品《糟了，是菊中局》（图3-24）将榄菊蚊香的使用效果进行了幽默的可视化处理。榄菊蚊香的样式被比

图 3-24
《糟了，是菊中局》
创意思想：作者把蚊子置于打靶心，通过周围晕倒的蚊子，靶心的蚊子才意识到这原来是榄菊设的局。作品用幽默的方式来表达榄菊的灭蚊效果极佳。

喻成靶子，烟雾缭绕的环境加上迷宫一样的蚊香，一个迷局就形成了。靶心附近都是被榄菊迷倒的蚊子，红色靶心上则是一只瑟瑟发抖的蚊子，他看着自己的伙伴都被迷晕了，才意识到这是榄菊的菊中局。作品画面简洁明了，通过两种蚊子的对比，四两拨千斤地表达出榄菊蚊香高效驱蚊的特点。小红书平台很重视交流，有故事性的平面广告，为观者留下了想象的空间，受众与作者之间的互动自然会逐渐增加，传播效力当然稳步上升。

三等奖作品《姥姥有妙招》（图3-25）将《倩女幽魂》中的情节进行再次创作。刚开始，画面从聂小倩和宁采臣之间的互诉衷肠开始，而随着画面一转，阴影幢幢的画面渲染了情节的紧张感。黑山老妖虽然仍是那个不讨好的定位，但是当她听见躲藏起来的宁采臣因蚊子而烦恼时突然拿出来榄菊驱蚊液时，作品的紧张情绪突然转变成轻松搞笑的氛围。在小红书等网络平台中，幽默搞笑的风格一向比较能赢得受众芳心，受众易理解的优质内容传播效力也会更高。

图 3-25
《姥姥有妙招》
创意思想：作品以《倩女幽魂》为创作基础，结合原作品中小倩与宁采臣相爱却遭黑山老妖阻挠的故事，设计了一个新的驱蚊情节——黑山老妖给宁采臣送上榄菊驱蚊液解决烦恼。作品以轻松有趣的情节讲述与蚊虫防治相关的内容，可以在年轻受众中起到魔性传播的作用，适用于在多个平台传播。

四等奖作品《榄菊的植物力量》（图 3-26）有 7 幅作品，按照作品风格可分成三组，第一组作品以居家办公、休闲娱乐的日常生活片段作为主要内容，以绿色植物为背景强调出榄菊健康、植物力量的品牌属性。第二组以水果蔬菜为主画面的作品则是表明蚊虫遇上榄菊便无法去叮咬他人，突出榄菊的植物力量。第三组作品则表现出榄菊所在之地绝无蚊虫的效果。作品丰富的创作内容、多样的表现手法与创作理念会吸引小红书用户的目光，作者与点赞者之间的互动正说明了这一点。

四等奖作品《小倩的烦恼》（图 3-27）与三等奖作品《姥姥有妙招》是同一团队创作的，延续了逗趣好玩的创作风格。前期脉脉温情的氛围因为一只蚊子的出现而被打破，宁采臣突然一巴掌拍上聂小倩的肩膀，破坏了原有的氛围。作品最后点题："有蚊子？用榄菊啦！"简单直接的一句话，说明榄菊可以很好地解决蚊虫扰人的功效。作品没有字幕，前期氛围感拉满，后期情节的转变

第三章 洞察决定传播

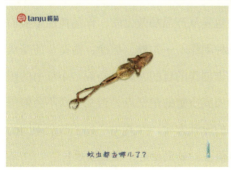

图 3-26
《榄菊的植物力量》
创意思想：通过展现居家办公、打游戏时有蚊虫打扰，使用榄菊驱蚊花露水后，榄菊的植物力量帮助解决有蚊虫的烦恼。通过绿色繁密的树叶、鲜艳漂亮的菊花，表达了榄菊源自植物力量的概念。结合品牌健康、植物、天然等调性，向消费者传达"有蚊虫，用榄菊"的首选认知。

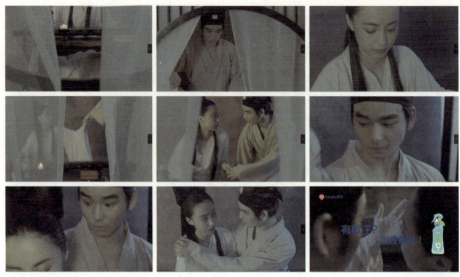

图 3-27
《小倩的烦恼》
创意思想：作品以大众熟知的《倩女幽魂》为切入点，在原作品的设定——聂小倩与宁采臣初次相遇而的基础上设计了一个新的驱蚊情节——两人正你侬我侬之时，一只蚊子打破了美好暧昧的氛围。本片轻松有趣的情节设置在致敬经典的同时，又能起到强调品牌调性、突出产品特点的效果。

丝毫不会给人们的认知造成负担。小红书平台的作品一般都比较短，易读幽默的创作内容也深得用户青睐。

四等奖作品《解放双手》（图 3-28）也是从产品功效出发，作品抓住了我们在日常生活中遇到蚊子时经常会做出的三种动作——拍蚊、抓痒、捂耳，使受众产生共情，引起受众的心理共鸣，达成广告创作的目的，别出心裁。小红书的图片日记形式需要创作者在自己的作品中增加高质量的记忆点，否则受众不会停留哪怕一秒钟。作品利用目前常用的平铺式的设计方式，在其中添加了与众不同的样式，明确突出作品创作的核心理念：榄菊在，蚊虫全走，解放双手！

四等奖作品《无蚊之地》（图 3-29）以两位男主角无聊看动画片的时候驱赶蚊子为始点，以模仿武术打斗场景、主角之间的戏剧化互动推进剧情，最终主角 A 拿出了榄菊驱蚊水，向主角 B 喷洒，到达了本视频的高潮部分。作品的收尾部分将榄菊含有天然植物成分的特点以更加形象化的手法表现出来。色

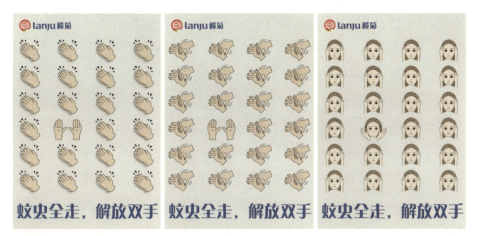

图 3-28
《解放双手》
创意思想：作品利用有蚊子时特有的三种动作——拍蚊、抓痒、捂耳，与解放双手的动作形成对比，从而突出榄菊产品驱蚊虫的功效，让消费者体验到双手自由的快乐。

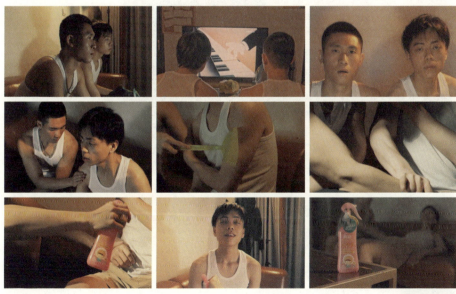

图 3-29
《无蚊之地》
创意思想：两位宅男以幽默的方式驱赶蚊子，发现没有什么效果，无奈之下只能使用榄菊驱蚊水令蚊子散开。同时，透过男主进入自然草地的幻想，表达出榄菊驱蚊水含有天然成分的因素。

调的转变、主角 B 在自然中奔跑的惬意都使作品更加趣味化。有趣搞笑、反差强烈、制作精良的作品不会被遮掩光泽。小红书平台的用户绝大多数都是年轻人，此类作品自然能够得到他们的喜欢。

四等奖作品《黯然销"蚊"》（图 3-30）是一组平面作品。作品从花露水的传统起源出发，唐朝仕女成为一名"带货高手"。作者从传统文化出发，将国风元素、花露水的由来、唐朝仕女完美地融合在一起。作品的色调舒缓和谐、画面排版松紧有致，创作者的绘画设计风格独树一帜，突出了榄菊国货臻品的品牌定位。此外，小红书热词中"国潮"是一个不容忽略的词语，本组作品的创作迎合了用户对国潮的拥护、小红书对国货的支持，在一众佳作中杀出重围。

图 3-30
《黯然销"蚊"》
创意思想：花露水的名字来自宋朝，研制方法借鉴了唐朝古方。据文献记载，花露水最早是作为昆明国的贡品而出现的。作品以唐朝仕女形象进行构思，"国潮"背景下的产品设计追求的是用民族精神与文化打动消费者，引起与众不同的反馈效果。

四等奖作品《一"榄"无余》（图 3-31）将榄菊产品比喻成橡皮擦，将驱蚊液、驱蚊水的功效进行了更加形象化的处理。蚊子那扰人清静的嗡嗡声被具象成画面上的"嗡"字，距离榄菊产品较近的"嗡"字则被清理掉，作者以简单的手法，撬起了榄菊产品强大驱蚊功效的杠杆，获得了不错的浏览量。小红书中短视频、图片日记等形式的碎片化阅读居多，简单易懂但又有新意的作品更容易获得受众的支持。

图 3-31
《一"榄"无余》
创意思想：左侧海报将电蚊香液比成橡皮擦，把蚊子的嗡嗡声文字化，利用橡皮擦的消除特性，来表现榄菊强大的驱蚊功效。右侧海报则将蚊子的嗡嗡声具象化，以驱蚊液为中心，周围的嗡嗡声渐弱，来表现榄菊还您一片安静空间的概念。

四等奖作品《用榄菊啦！》（图3-32）采用复古摩登风，中心人物是中国传统文化中的京剧、年画、皮影戏的经典艺术形象。上下的文案直截了当地突出榄菊的产品特点，中部则以极具号召力的文案突出作品的核心理念，现代风满满的文案内容在整体的复古和传统的碰撞中显得出其不意。这种混搭式的风

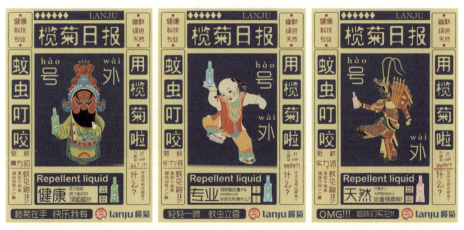

图 3-32
《用榄菊啦！》
创意思想：作品将内容做成日报，通过图文并茂的形式向观者传达榄菊的品牌调性，结合我国传统文化，用这些代表艺术作为榄菊的形象代言人，可以体现出榄菊是国民品牌；传统的造型艺术和复古海报风，再结合现代广告语，体现出榄菊幽默而又专业的特性。

格在小红书平台中吸引了大众的目光，含金量满满的互动与不错的浏览量成为榄菊进行年轻化推广的敲门砖。

## 三、B站传播属性及创意内容分析

### 1. B站社交平台属性

#### 1）B站的成功运营

哔哩哔哩创建于2009年6月，亦称B站，也被网友们戏称为"小破站"。其最初定位是ACG（动画、漫画、游戏）内容创作与分享的视频网站，后来逐渐进入大众视线，成为提供二次元文化、PUGC等内容的创作氛围良好的年轻潮流文化娱乐社区。除了视频内容的供给，B站还发展了直播、"恰饭"等业务并以此盈利。它牢牢抓住了当代年轻人的包容心、好奇心以及有趣的灵魂，各类用户都能够在B站中找到自己喜欢的内容。

B站最初的运营策略以"聚集"二字为主。首先是聚焦二次元文化，绝大多数的视频网站只把动漫做成单元分区的综合性视频网站，而B站内容几乎都与二次元文化有关，并把有关动画、漫画等的视频内容做得相当出色。其次是人群的聚焦，B站把"90后""00后"等Z世代用户作为主要目标人群，其创作的作品符合当代年轻人的审美，使B站成为名副其实的年轻人聚集地。

除了聚焦策略，差异化策略也是B站在众多视频网站中脱颖而出的关键。比起腾讯、爱奇艺等大型视频网络巨头，B站清爽明确的视频内容分区、最小化的广告插入，都备受厌倦了广告轰炸的年轻人的青睐。同时，在视频收费问题上，与其他网站的动漫区不同，B站早期实行番剧全部免费的策略。为保证公平竞争，B站后期采取部分番剧收费提前看的措施，此举也受到了多数B站用户的支持。

此外，B站不断探究新的策略，如在淘宝等电商平台上建设自己的旗舰店，售卖有关周边，举办漫展、走进大学校园等活动。通过线上线下的结合拓宽自己的业务领域，提升利润价值。B 站这种多元化经营战略大大提高了用户忠诚度和用户黏性，使得越来越多的 Z 世代用户涌入。

2）B站的平台优势

（1）弹幕机制。B 站独特的弹幕机制，无疑构建起用户、平台以及 UP 主之间全新的沟通交流桥梁。在弹幕中融入诸多的创意、包容以及友善的调侃，让视频内容和社区价值大大凸显出来。正如网友总结："即使是相同的视频，有了 B 站弹幕的加持，完全能够焕发出全新的活力。"对于创作者来说，B 站的内容不断被拓宽，且紧跟当下内容风潮。

（2）建立文化社区。文化社区的重要性所在，是为用户提供身份认同和价值体现。B 站的 UP 主可以通过流量变现获得商业价值，而更多的普通用户，作为内容消费者获得身份认同感。与此同时，拥有共同兴趣的人更有可能在平台提供的社交功能（评论、点赞、投币等）之下成为好友。另外，B 站依托 ACG 文化圈，定期举办线下活动，如 BW（Bilibili World）、BML（Bilibili Macro Link），为 ACG 爱好者提供社交机会。

（3）创作激励计划。B 站作为国内最大的 PUGC（专业用户生产内容）视频平台，主要任务是维护内容和用户之间的良性循环。2018 年 2 月，发布"BiliBili 创作激励计划"；2019 年 5 月，上线"Vlog 星计划"，鼓励优质用户创作优质内容，这些行动极快地获得年轻一代的关注，使得 B 站用户不断增多。

### 2. B 站平台创意内容分析

榄菊社会化媒体创意传播大赛二等奖作品《闻菊起舞》（图 3-33）采用短视频的形式，表现出蚊子遇到榄菊后，变得"不爱咬人却爱跳舞"这样令人匪夷所思的场景。创作团队巧妙地借助 B 站当时的热梗"两只老虎爱跳舞"与产品自身特性结合，达成了幽默搞笑的"融梗"效果，与 B 站平台用户习惯相符，让人耳目一新。同时，该作品以快节奏为基调，信息获取集中化，符合现代消费者的阅览习惯，达到了较好的传播效果。

图 3-33
《闻菊起舞》
创意思想：作品用年轻群体喜闻乐见的"鬼畜""洗脑"风短视频的形式，对原版的内容和歌词进行改编，表达了"有蚊虫，用榄菊，蚊虫不爱咬人爱跳舞"的理念。

二等奖作品《反蚊道主义》（图 3-34），将蚊子拟人化，赋予蚊子"刚毅""勇敢"的"正义"形象，表现出蚊子等候时机吸血的恶劣行径以及遇到榄菊后束手就擒的窘态。作品情节紧凑、逻辑缜密，具有一定的故事性和趣味性。平台播放量较高，给观众留下了深刻的印象。

三等奖作品《蚊宝宝测评日记》（图 3-35）以当今主流媒介浏览量颇高的视频类型——好物分享为基础，阐述了榄菊旗下产品的功能特效。创作团队凭借其自信大方的镜头表现力以及幽默诙谐的语言风格，得到受众的一致好评和支持。此外，该作品在平台上发布的标题吸睛，符合平台受众的习惯，因此具有较高的点击量。

第三章　洞察决定传播

图 3-34
《反蚊道主义》
创意思想：作品运用极具违和感、反差幽默的语调和颇具史诗感的画面营造"蚊子君"的形象，向年轻消费群体传达并巩固"有蚊虫，用榄菊"的首选认知。

图 3-35
《蚊宝宝测评日记》
创意思想：以蚊子的视角，通过榄菊在蚊子心目中的威慑力来表现榄菊三款产品的功效，让消费者对榄菊产品的了解更加全面、深刻。

201

《植物榄菊》（图 3-36）以广告片的形式，从天然的植物成分到居家使用再到用后总结，展示植物给生活带来的改变，彰显植物科技的力量。作品理念与榄菊产品调性相符，转场背景大气、美观，内容详略安排得当，平台浏览量较高，"一键三连"数量可观。

图 3-36
《植物榄菊》
创意思想：选用榄菊，驱赶蚊虫打造安心家居生活。"居"和"菊"同音，突出榄菊产品为从植物中提取。

《插翅难飞》（图 3-37）讲述了蚊子与人的"你追她逃""她逃你追"，最后遇到榄菊蚊子插翅难飞的故事。创作团队将时下热梗"霸道总裁和逃跑娇妻"引申成蚊子和人的关系，将产品形象和人物形象紧密结合在一起，颇具想象力和创意性。内容年轻化，"土味"搞笑的风格受观众喜爱，带来了一定的流量效益。

《关键时刻打不准》（图 3-38）以"准与不准"为核心，夸张的投篮技巧，偏移的飞镖手法，最后都获得了很准的结果。深夜里扰人的蚊子，偏偏怎么都打不准。当主人公使用榄菊电热蚊香液后，可以安静地入睡，再也不用费心打准蚊子了。作品整体完成度高、话题构思巧妙，用户能与主人公共情，反馈效果较好。

图 3-37
《插翅难飞》
创意思想:作品改编自网络流行用语"她逃,他追,他们都插翅难飞",说明消费者用了榄菊驱蚊产品后蚊子插翅难飞,新奇有趣,能吸引年轻消费者的注意。

图 3-38
《关键时刻打不准》
创意思想:作品以夸张式投篮准、意外式扔飞镖准为铺垫,对比打蚊子却打不准,最后引出产品——打不准的蚊子,榄菊替你解决。故事情节具有戏剧性,层层递进,引人入胜。

《我有一个朋友》（图 3-39）将蚊子比作自己的朋友，看电视、睡觉甚至约会时都跟随在主人公身边。为了"感谢"蚊子朋友的陪伴，主人公送了榄菊作为礼物。几个啼笑皆非的场景诠释了榄菊产品的效用，实现了微电影中故事和广告诉求之间的完美融合，互动氛围良好，观众喜爱度较高。

图 3-39
《我有一个朋友》
创意思想：强行亲密接触的蚊子，像是身边突然多了一个"朋友"，这严重影响了我们的生活。作品以回忆的方式讲述蚊子烦人的日常，终于忍不住用榄菊送走蚊子，还自己一份清静！

《追蚊》（图 3-40）以黑白色调为主，叙述一个与蚊子嫌犯斗智斗勇的故事。天网恢恢、疏而不漏，榄菊在手、天下我有。创作团队用成熟的演技和紧凑的剧情编排，吸引着观众的注意，使观众产生共鸣，提升了对产品的了解与好感度。平台点击量和点赞数可观，达到了良好的传播效果。

《给你所想，前进探索》（图 3-41）以爆款手游为背景，讲述两个主人公在打游戏，一个被蚊子干扰，无法专心操作最后输了游戏；另一个提前喷了榄菊驱蚊液，全神贯注最终赢得胜利。作品的话题选择角度贴近生活事实，能

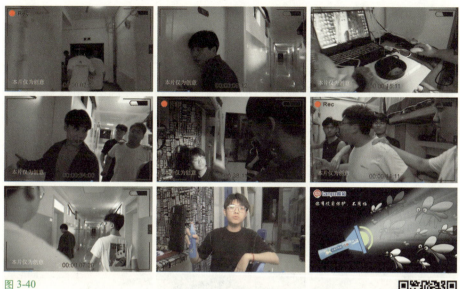

图 3-40
《追蚊》
创意思想：嫌犯总是很狡猾，但天网恢恢、疏而不漏，蚊子再狡猾，在榄菊的大网中，它也无处可逃、藏无可藏。

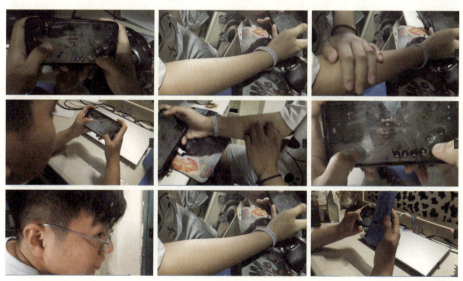

图 3-41
《给你所想，前进探索》
创意思想：以大学生日常宿舍真实生活为例，以当下热门游戏王者荣耀为载体，讲述了日常生活中为榄菊所左右。

够引起受众,尤其是年轻用户的强烈共鸣。平台播放量数据可观,评论区互动氛围良好,是平台传播赛事值得借鉴的作品之一。

《榄菊驱虫液TVC》(图3-42)以大学校园为主要创作环境,列举出读书、睡觉、感冒流涕三种被蚊扰的场景。而后,一位专家提出使用榄菊驱蚊液的建议,并介绍其主要成分。该同学使用后,不管在户外还是室内都能不被蚊虫烦扰,安心于自己的事情。作品转场衔接自然流畅、画质清晰,总体完成度较高。

图 3-42
《榄菊驱虫液TVC》
创意思想:作品幽默诙谐且不失高端大气,紧扣"玻尿酸成分,温和高效,不含DEET"等主题,以大学校园为主要创作环境,为消费者讲好榄菊品牌的故事和功效。

三等奖作品《遇到蚊虫用榄菊》(图3-43)结构清晰明了,创作团队选取三个场景:躺在沙发上玩手机被蚊咬、晚上睡觉被蚊扰、出门蚊子围着跑,每次都要大喊榄菊才能摆脱当下困境。作品的亮点在于每个场景结尾都有一句朗朗上口的押韵文案,如"遇到蚊虫不用急,用榄菊,没蚊题"等,为视频本身增色不少。如果主人公表演时再自信、大胆一些,呈现效果还会更进一步。

第三章　洞察决定传播

图 3-43
《遇到蚊虫用榄菊》
创意思想：通过展现生活中各种遇到蚊虫的场景，采用有趣的形式，树立品牌年轻化形象，为品牌注入活力，拉近榄菊与年轻消费群体的距离，让榄菊品牌为新一代年轻群体所熟知。

## 四、创意星球传播属性及创意内容分析

### 1. 创意星球社交平台属性

#### 1）平台概述

创意星球网是专注创意产业的青年众包网络平台，是广告人文化集团在2016年推出的互联网产品，也是中国大学生广告艺术节学院奖的官方网站。创意星球网立足于打造完善的创意服务生态圈，能够最大化满足企业雇主和创意客的不同需求。其网站倡导"从年轻中来，到年轻中去"（youth to youth），帮助企业建立 Y2Y 品牌保险系统；立志打造中国青年创意创新生态圈，帮助有创意梦想的人实现梦想。

#### 2）创意星球的用户

（1）忠实用户。创意星球网是具资源力和整合力的跨界营销平台，这种独特的平台属性决定了其主体用户是学生群体。创意星球独有的教育意义是与其他传媒平台不同的一点。

207

他们是对广告创作、新媒体渠道有着颇多兴趣的学生群体。大部分用户都与广告学、传播学有着或多或少的关系。这就使创意星球的作品必须寻找专业性较强、符合青年创作群体审美且更加鲜明的创作风格与个性。

（2）用户偏好作品。随着各类新兴社会化媒体的出现，大众接受信息的广度、深度都与以往截然不同，自媒体成为大众接收信息的渠道之一。不同调性的平台有着不同调性的传播内容。对于创意星球而言，其创作内容应该平衡好年轻群体视角和专家视角，以此创作出更优秀的作品。

在如今网络高度发达、信息爆炸的时代，我们可以在小小的电子屏幕上看到来自地球另一面的信息。特别是"00后"的年轻人，他们在网络上畅游、生活，早已变得见多识广。再加上亚文化的冲击，年轻人的兴趣点也在不断"小众化"，趣味性可以说是吸引受众的一块宝玉。

广告作品对产品、品牌的精准表达是广告作品的灵魂所在。优质的广告作品绝不会模糊其广告对象的定位，而是摸索出一套完整的策略，利用严谨的逻辑击中用户的喜好靶心，创作出优秀的广告作品。

### 3）价值和意义

（1）打造专属企业的青春市场部。品牌年轻化的趋势、大众审美的更新迭代，让各大企业纷纷把视线锁定在校园市场。企业既想从校园群体身上获得海量的创意和想法，但没有真正了解他们的想法。创意星球成为打通企业和学生之间的桥梁，不仅帮助企业和年轻人"跨时空对话"，又将企业品牌形象根植在年轻人心中，为他们提供展现能力的平台，帮助企业实现营销的目的，真正实现了"创意从年轻中来，品牌到年轻中去"。

（2）青年生态圈布局。创意星球的主要用户是在校师生、品牌主以及媒体，其以全产业链视角满足用户的专属需求，为用户建立创意实战成长系统、为品牌主建立Y2Y品牌保险系统，帮助用户获得全方位专业成长是网站创建的宗旨。近些年，除了赛事的不断优化，创意星球网还致力于开展更多有助于青年成长的项目和服务，如招聘、培训、调研等，争取为企业和年轻用户提供最优质的服务，形成一个体系完善的青年生态圈。

（3）百万师生"大展拳脚"。创意星球网拥有丰富的高校资源和企业合作项目，企业通过发布任务筛选心仪创意的同时，也为相关专业的在校师生提供了优质实战的教学和演练机会。对于即将踏入社会的学生群体而言，校园实战试错成本较低，学习时间充裕，且企业的激励举措大大提升了学生参与的积极性，可谓是互利双赢。

#### 2. 创意星球平台创意内容分析

榄菊社会化媒体创意传播大赛一等奖作品《感到幸福在拍手》（图3-44）以拍手为主线，主人公随着背景音乐的旋律拍手，然而一只蚊子飞过来干扰了主人公。为了拍掉蚊子，主人公不得不打乱了节奏，但几次都拍不准蚊子。创作团队采用自我批驳的方式，在最后指出，应该感到幸福再拍手。结尾列出了榄菊旗下的产品，给人留下深刻的印象。作品内容主线简洁凝练，广告语普适自然，受到了大众的一致认可。

二等奖作品《它没了》（图3-45）运用时下热门的悬疑推理风格，根据"传播疾病""生命力极强"等信息层层推导出目标——蚊子，而消除蚊子这个"吸

图3-44
《感到幸福在拍手》
创意思想：将拍手与拍蚊子相关联，突出蚊子的出现打破了"幸福"。同时融合贴画与VCR倒带的画面，增强广告的趣味性；结合儿歌《幸福拍手歌》，增加了广告的童趣性。

血狂魔"最好的办法就是使用榄菊产品。作品逻辑严密,画面清晰有序,内容有趣吸睛,短短几十秒就让观众产生强烈的代入感,符合快节奏消费者的信息处理习惯及现代年轻用户的审美习惯。

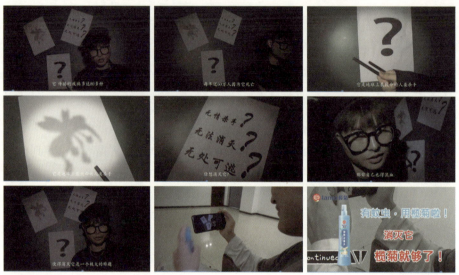

图 3-45
《它没了》
创意思想:作品开头采用探案解密的形式,再通过背景声和画面揭示,主角榄菊轻轻一喷便结束了蚊子的生命,对应作品名称《它没了》,与前面形成巨大的反差。

二等奖作品《就是玩儿》(图 3-46)把时下热门话题"就是玩儿"作为创作切入点,有榄菊驱蚊液,就是不用,就是玩儿。主人公以戏谑的态度轻视蚊虫叮咬,最终被咬了满脸包才幡然醒悟。创作团队以趣味幽默的方式娱乐观众的同时,将产品的组织形象,对蚊虫危害的警惕潜藏于作品中,积极正向地引导了观众。

三等奖作品《你比我猜》(图 3-47)采用当下热门游戏的方式,通过问答形式猜出提问者的问题。视频中的两位主人公将蚊子和榄菊的特性巧妙地融合于问答中,表演自然、大方,镜头感十足。最后,主人公把榄菊驱蚊液展示在大家面前,积极引导观众,具备品牌意识,较好地传播了品牌形象。

第三章 洞察决定传播

图 3-46
《就是玩儿》
创意思想：作品利用夸张、搞笑的蚊子包妆容，想要表现出有蚊虫不用榄菊的后果，结合热梗达到幽默的效果。作品中间加入使用产品的快剪画面，匹配介绍产品功效的旁白。

图 3-47
《你比我猜》
创意思想：通过娱乐游戏的方式，让大家参与到猜奖活动中来。在描述榄菊品牌的过程中，给消费者灌输榄菊产品以"科技护卫家居健康"为核心理念，体现榄菊品牌所蕴含的植物科技力量。

211

四等奖作品《假如给我一瓶榄菊……》（图3-48）属于后现代风格的平面作品，作者借助爱德华·马奈的《草地上的午餐》、达维特的《马拉之死》等世界著名油画作品，将榄菊在手、蚊虫无忧的特点幽默地表达出来。画面中的三条文案都是从日常生活出发，拉近与受众的距离，文案与画面相辅相成，增强传播度，突出榄菊驱蚊高效能让生活变得更好的含义。创意星球网更加强调创意性、内容性，良好的创作内容更容易受到大众的青睐，本组平面作品的新潮有趣投其所好，获得了更多的关注与喜欢，在平台上传播较广。

四等奖作品《一二三四五六七》（图3-49）是一组分格漫画，充满童趣的绘画风格、流畅易读的故事情节将榄菊高效驱蚊的特点表现了出来。其中还加入了让大众能产生共情的片段：在被咬的包上面扣一个十字架就不疼了，童言

图3-48
《假如给我一瓶榄菊……》创意思想：作品在三幅名画的基础上进行二次创作，结合"草丛""浴室""卧室"三大易被蚊虫侵扰的场景，凸显榄菊的驱蚊功效，让消费者不再受蚊虫烦扰。

图 3-49
《一二三四五六七》
创意思想：结合榄菊的品牌调性，用数字来强化人们的记忆，内容上不断深化，让受众在潜移默化中认可榄菊品牌。

童语着实可爱。温馨的生活片段、可爱的言语表达、童话般的睡梦情节等元素逐步累加，将榄菊逐渐融于生活，更贴近大众视角。榄菊高效驱蚊的特点自然而然地融入消费者心中。由此，本作品在创意星球创作网的传播更加便利，广告传播效果也会更好。

四等奖作品《蚊子扰我心，榄菊来相伴》（图3-50）从榄菊联想到了大诗人陶渊明，并借助中华传统民俗文化"皮影戏"作为演绎形式。作品从陶渊明的悠闲田园生活入手，讲述了陶渊明受蚊虫困扰而不得，但在榄菊的帮助下摆脱蚊虫叮咬，重新沉浸在诗篇创作的优雅生活中。作品富含表演性，也承接了短视频文化的片断性。创作者借助偶发式的、具有即兴属性的表演，记录消费者的日常生活状态，对现实生活进行表演性展开，增加了趣味性，为榄菊拥有植物力量的产品特点、健康天然的品牌调性助力。

四等奖作品《榄菊守卫，一步到位》（图3-51）是现实世界与动画世界交融在一起的一部视频作品。创作者从一只猫咪的视角出发，将小猫咪与蚊子拟

图 3-50
《蚊子扰我心，榄菊来相伴》
创意思想：借助中国传统艺术皮影戏来演绎隐居生活的场景，正在写诗的陶渊明却免不了受到林间蚊子的干扰，最终"请"出榄菊，蚊子被消灭，陶渊明方能继续写作，诗句一气呵成。

人化，将我们与蚊子之间的"恶斗"变成了一部卡通片。作者没有囿于现实世界的条框，利用动画创作手段将日常可见的桌子、柜面等变成了赛场，搭配上激烈紧张的配音，更是渲染了视频的趣味性。最后，榄菊产品的压轴出场比较自然，突出了榄菊高效驱蚊的产品优势。短视频追求的是某种"感觉"，展现的趣味正是人们常说的"爽"和"萌"。创作者选择的主角、场景、表现形式都体现了这一点，在创意星球网上有了一席之地。

图 3-51
《榄菊守卫，一步到位》
创意思想：作品采用动画和实拍相结合的形式，以生动、幽默、有趣的画面吸引受众的注意。

## 五、榄菊官方案例分析

南方蟑螂在全国人民心中可谓是"重中之重"——南方蟑螂体型大、难消灭是公认的特点。榄菊作品《对南方蟑螂应该怎么拍S？》（图 3-52）在标题上指出了南方蟑螂，视频以此为噱头可以很好地和大众建立共识，吸引受众参与到互动当中。创作团队对拍蟑螂的动作赋予武侠风，让大众习以为常的拍打动作变得生动有趣，由此后续榄菊杀蟑喷雾的出现也并不会给观者带来观看硬

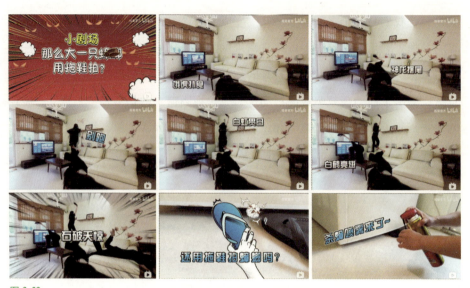

图 3-52
《对南方蟑螂应该怎么拍S？》
创意思想：作品以生活剧情形式呈现，将蟑螂带给生活的"槽点"，转化为"十八般武艺"大战蟑螂的"看点"，用对抗蟑螂的无奈与困难，反衬榄菊轻松解决蟑螂的结局。

广的不适感。视频发布于 B 站平台，B 站中搞笑轻松、鬼畜的视频会更受到大众的喜爱。视频中对拍蟑螂的戏剧化表现迎合了 B 站受众的喜好，自然可以更好地表达出自己用意。

《挥舞姿势帅，蚊子全打败》（图 3-53）的主打产品为榄菊电蚊拍，视频中还增加了对电蚊拍更加细致入微的亲身体验，让受众能在短短的视频作品中全面了解到榄菊电蚊拍的实际功效、安全系数、充电要求等。视频最后出现的广告语"挥舞姿势帅，蚊子全打败"也在视频中得到了充分体现。标题在短时间内抓住受众目光，结尾点题，结合创作内容为受众带来真材实料。视频结合了 B 站年轻群体喜欢的剪辑手法、热梗，幽默有新意的作品有机会获得受众的一键三连。

《每天都被蚊子追，吸蚊体质有救吗？》（图 3-54）的标题很吸引受众的注意力。一到夏天，蚊虫叮咬变成了一大难题。对于拥有"吸蚊体质"的人而言，夏天可谓是地狱了。视频内容从真人实验出发，结合 B 站群体比较

第三章　洞察决定传播

图 3-53
《挥舞姿势帅，蚊子全打败》
创意思想：挥拍打蚊虫是生活中常见的情境，作品立足生活细节，通过丰富的姿势与得意的表情，展现拍蚊取得的成果，其中更穿插硬核价值解读，增强受众对产品的印象与认知。

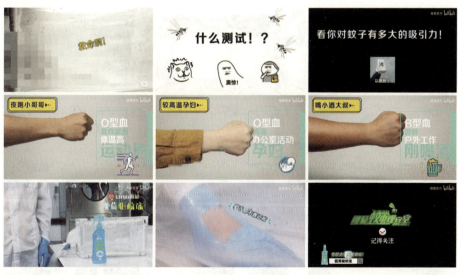

图 3-54
《每天都被蚊子追，吸蚊体质有救吗？》
创意思想：作品以测试形式科普"吸蚊"体质的特点与榄菊驱蚊的功效，通过"吸蚊"体质提供解救方案，植入榄菊产品价值，既有感性的猎奇，又有理性的佐证，能加深受众对榄菊认知。

217

喜欢的搞笑表情包进行创作，拉近了与受众的距离，受众也就不会太过排斥商业产品的宣传类视频。最后，榄菊驱蚊液的出现以对比试验告终，看得见的产品效果会动摇消费者的购物心态，也会提高作品在网络平台上的热度。优质的内容自然会哺育优质的流量。

由榄菊总裁提议举办的办公室PK小游戏，总裁和员工一对一将手伸进都是蚊子的盒子里，看谁忍"痒"的能力强，获胜者可以获得惊喜福利。只见盒子里的蚊子纷纷扑向员工们的手，而老板的手却一点事都没有，甚至很悠闲自得。视频结尾，老板道出原因，因为他使用了榄菊驱蚊液，蚊子根本不敢靠近。视频在抖音上点赞量可观，从传播角度分析，办公室团建、游戏等视频内容备受年轻人喜爱，老板参与拍摄，亲自"带货"，显得更加亲民可靠，视频氛围幽默轻松，没有因为产品的植入而影响观感（图3-55）。

简单易学的舞蹈是抖音视频的一大内容特色，榄菊官方精准地捕捉到这个要素，创作了属于自己的舞蹈，获得了上亿浏览量的词条——这就是驱蚊舞，

图 3-55
《办公室小游戏》
创意思想：作品为一场办公室"忍痒"比赛。其中，参赛者的花式忍痒与总裁的淡定忍痒形成鲜明对比，极具看点。最后，总裁反转揭秘强定力原因，在幽默中增强产品的价值传达。

在胡可、沙溢等知名人物的带动下,不少网友纷纷晒出自己跳的驱蚊舞,大大提升了传播的力度和广度。短视频之所以能够形成所谓"井喷式""病毒式"的传播效果,除了能借助智能手机等移动终端这个渠道因素外,《驱蚊舞》(图 3-56)还将传播的娱乐功能进行了尽情展示。

图 3-56
《驱蚊舞》
创意思想:当驱蚊与魔性舞蹈结合,谁又能抵抗它的魅力。将驱蚊动作与舞蹈相糅合,以年轻人热衷的潮流方式,展开"驱蚊"宣传,软植入榄菊品牌,加速传播裂变,扩大品牌知名度。

作为点赞量颇高的视频之一,榄菊官方抓住观众的浏览心理,开头引出悬念"当你邀请广东朋友爬山时",借助观众对地域、旅游等话题的关注度,把驱蚊元素很好地融进去。视频时长很短,信息处理集中,符合抖音用户的使用习惯(图 3-57)。

图 3-57
《广东人爬山》
创意思想：作品通过一人分饰多角的形式，展现"广东人爬山"的情景，将人们对旅游的向往与驱蚊的担忧相融合，最后众人皆要榄菊，进一步印证大众对榄菊驱蚊功效的认可。

# 第四章
# 案例分析

**导语**

　　每一个理论或实践研究都离不开案例，有了案例，理论研究才有依据，有了案例，实践研究才有意义。案例能够反映基本事实，也方便人们更好地去理解不易懂的概念和内容。根据案例，可以对相关问题进行深入的研究分析，从中寻找带有规律性、普遍性的内容。

# 案例分析 1：
# 品牌年轻化视阈中的突围与联合

2019 年 10 月，榄菊与中国大学生广告艺术节学院奖达成战略合作，启动千校创意工程，征集万余组大学生基于榄菊品牌认知而创作的参赛作品，涵盖平面广告、营销策划、微电影、短视频等多个类别。凭借精彩绝伦的创意，2020 年 8 月，榄菊斩获学院奖全场大奖，标志着榄菊品牌年轻化的成功突破。基于品牌年轻化相关理论，从品牌定位、传播矩阵、内容变革与跨界营销等角度，分析榄菊的品牌年轻化战略，旨在进一步为新媒体语境下传统日化国货品牌的年轻化营销提供思路。

## 一、背景概述

### 1. 现实背景：多元冲击下的品牌生存危机

进入 21 世纪，经济的持续向好态势与科学技术的飞跃使国民生活质量得到了极大的改善，经济全球化使海外品牌大肆涌入国内市场，消费者的审美眼光与消费习惯发生了极大的变化，一些本土传统日化品牌由于创新缺乏、媒体营销不足、品牌形象固化等原因，原有的消费群体进一步流失，逐步迈入衰退期。新媒体时代，尤其是依靠互联网发展起来的新兴电商品牌逐步侵占了年轻用户的注意力，如果仍沿用旧有产品与营销方式，必然无法吸引年轻群体的关注，从而进一步失去市场份额。这些原本实力雄厚的本土品牌如何守正创新、开辟新媒体品牌营销渠道抢滩消费者注意力，成为业界和学界关注的焦点。

### 2. 理论背景：品牌年轻化及其实践方式

企业在长期发展的过程中，受内外部、主客观等多种因素影响逐渐出现品牌老化现象，鉴于此，学者们提出了品牌年轻化的概念，给企业品牌营销带来新的思路。品牌年轻化（brand rejuvenation），又称品牌复活，是指品牌为了使资产再生，通过"寻根"的方式重新获得失去的品牌资产。基于该理论模型，学者们开始探究实现品牌年轻化的有效途径，David Aaker 提出，增加使用、寻找新用途，进入新市场等方式是品牌年轻化的有效方式。品牌年轻化作为企业品牌战略管理的重要一环，通过分析现行市场与消费群体、明确品牌定位、创新营销方式等，将品牌与消费者紧密联系在一起，破解品牌长寿的基因密码。

## 二、榄菊品牌年轻化策略分析

### 1. 品牌升级策略：聚焦消费痛点，以年轻理念打造爆款产品

品牌定位是企业在市场定位和产品定位的基础上，对品牌在文化取向及个性差异上的商业性决策，是消费者对品牌形成良好认知的基础，也是品牌在市场上占据竞争力的核心因素。当某类产品在市场上出现同质化竞争时，依靠精准的品牌定位与良好的品牌形象能够快速捕获消费者的注意力。榄菊自1982年成立以来，致力于成为专业、安全、健康的家居杀虫领导品牌。通过对市场与消费群体的深入洞察与调研，"90后""00后"年轻群体已取代原有消费群体成为新的消费引擎，但年轻一代对杀虫产品的需求已不仅仅满足消杀，护肤和健康逐渐成为其更看中的元素。基于此，榄菊在驱蚊产品中添加玻尿酸成分，研发出面向年轻小姐姐们的专属驱蚊液，同时积极开拓儿童市场，在童用产品中萃取天然植物草本，打造舒缓不刺激的驱蚊产品。基于对消费痛点的精准把握，榄菊保持着敏锐的市场洞察力与市场前瞻性，营销重心实现了从"驱"到"护"的转型，在加强品牌理念与定位的同时，再次引领消费升级。

### 2. 传播矩阵：多轨整合营销，立体媒介形塑品牌形象

新媒体视阈下，网络传播的触角被延伸到更宽阔的时空维度，个性化、交互性、实时性的新媒体正引领着新一轮企业营销范式革命。作为中国消杀行业领军企业，榄菊整合传播渠道，打造传播矩阵，通过多元化营销方式塑造立体的品牌形象。

1) 央媒背书，权威发声提高企业声量

CCTV 作为主流媒体，具有受众广、公信高、影响深等特点。企业与国家级媒体资源合作，借央媒之口传递企业信息，强势发声，权威背书，能够快速有效地占据传播制高点，在优化雇主品牌的同时促进企业的产品营销。2020 年 1 月，榄菊与 CCTV 合作，正式投放《天气预报》节目，并结合蚊虫爆发的季节性和地域性，灵活调整版块精准传播，通过持续投放广泛触达受众，有效地提升了品牌的传播声量。与此同时，榄菊在《军事气象》《农业气象》同步投放硬广，开发最具消费潜力的三四线市场，推动产品下线市场销售。CCTV3 个频道全天多档节目排播，收视时段全覆盖，保证了榄菊品牌在央视平台的高度曝光，从而实现从行业领导品牌向国民知名品牌的转型。

2) 社交分享，平民视角书写品牌故事

沃顿商学院教授 Jonah Berger 在《疯传》中提出了"社交货币"的概念。社交货币化语境下，微博、微信等新媒体平台成为企业营销的主要工具，用户在其中分享自己与品牌相关的一切事物，留言或点赞的人越多，越代表人们认同该品牌。2021 年春季，榄菊和创意星球联合开展社会化媒体创意传播大赛，鼓励高校学生通过 B 站、小红书、创意星球等社交媒体账号，以图文、短视频、Vlog 等年轻人喜闻乐见的表现形式分享消费者与榄菊的故事。由于这些作品大多是以平民百姓的视角书写品牌故事，在消费群体中具备一定的可信度。每一次的点赞与转发，实际上都是消费者对品牌形成自我认同的隐射，在这种频繁性的指尖仪式中，品牌与消费者在不知不觉中搭建起共通的意义空间，极大地提高了榄菊在年轻群体中的知名度与美誉度。

3) 花式直播，偶像"脱冕"下的情绪催生与互动

梅洛维茨在《消失的地域》中谈道，运用媒介所造成的信息环境如同地点场所一样，都促成了一定的信息流通形式。随着直播时代的到来，直播将原本隐藏于舞台后的时空迁移到屏幕之上，这一新型传播方式越来越成为传受双方建立情境场域的重要渠道，通过即时的面对面交流，完成了不同情境与群体合并下共同意义空间的建构。榄菊在瞄准直播风口的同时，还开辟了直播向综艺

的反向渗透模式，在 2020 年下半年新品发布会中，榄菊邀请开心麻花演员许吴彬做客直播间，现场上演年轻群体喜欢的《吐槽大会》和《欢乐喜剧人》，与直播内容无缝衔接。除此以外，许吴彬还上演高能吐槽大会，与品牌专家花式吐槽蚊子、蟑螂，引发大量观众的点赞和互动。此次新品发布会直播共实现超过 35.7 万人次的淘宝直播观看量和超过 1810.8 万人次的一直播观看量，为品牌直播开创了一条"直播+自制综艺内容"的营销新模式，将直播从单一的带货形式升级为品牌价值营销。一方面，综艺式的花样直播契合了年轻受众对娱乐化的需求；另一方面，作为偶像的明星与观众的即时互动消解了物理空间和虚拟空间的阻隔，建构了情绪积极的对话场域，连通了榄菊的现有消费群体与潜在消费群体，在仪式感的加持下聚合无数个在互动中、在情绪催化下激情澎湃的内心。

### 3. 内容变革：携手国潮 IP，美学符码映射品牌个性

2004 年 3 月，榄菊在 CCTV 黄金时段首次投放"非洲土著篇"广告，凭借独特的创意与幽默的情节，广告一经推出便引起巨大的轰动，它突破了家庭卫生杀虫产品千篇一律的直白诉求，在同质化广告中掀起一股清新的"榄菊风"。社交媒体语境下，消费者的内容阅览出现泛娱乐化倾向，品牌要想在注意力稀缺时代吸引受众目光，必须在内容有效触达受众的基础上进行娱乐化创新，运用年轻人喜闻乐见的元素打造内容池，增强品牌与消费者之间的黏度。基于品牌年轻化战略，榄菊积极开拓 IP 建设布局内容营销，在天猫国潮第二届国风大赏中，榄菊携手山西永乐宫壁画文化 IP 推出联名限量版国潮宝盒。作为中国古代绘画艺术的经典之作，永乐宫壁画已有 800 多年的历史，宝盒上刻印着永乐宫文化 IP 代表——青龙和白虎，被民间尊称为"门神二将"，在象征福运临门的原始意义背后，也蕴含着神仙下凡消灭蟑螂的美好寓意。传统文化的传承联合国货品牌的推广，榄菊与永乐宫文化 IP 完美携手，在发现古典文化价值的背后，既是弘扬民族文化的机遇，也是建立品牌年轻化形象的关键所在。

### 4. 跨界营销：资源破壁联合，"蚊子地图"引发话题热潮

随着市场竞争的日益加剧，行业内部的重组或渗透已经很难对一个企业或

者一个品牌清楚地界定它的"属性",跨界营销最大的赋能作用在于让原本毫不相干的元素相互渗透、相互融合,搭建品牌资源矩阵,使其在更多的渠道里资源共享、流量互推,合力开拓"1+1>2"的市场。2020年,榄菊与中国天气、江苏气象三方联合发布了《2020全国蚊子出没预报地图》,通过中国天气平台全网宣发,微博话题登上热搜榜,总阅读量超过2亿人次,被人民日报、新华社、新浪、网易、腾讯等多家主流媒体及门户网站转载。蚊子地图主打新媒体平台造势,又因其卡通漫画形象契合年轻受众心理,迅速掀起话题热点并产生持续性的深远影响,为品牌赢得了年轻消费群体的喜爱。

## 三、榄菊品牌年轻化对传统日化品牌建设的启示

### 1. 定位年轻化:产品下沉聚焦年轻群体

品牌年轻化是企业品牌战略的重要元素,在品牌战略中,打造精准的品牌定位是尤为重要的一点,可以将消费者认知与品牌自然联系到一起,从而占据市场竞争力。传统国货品牌大多起源于20世纪末,作为现有消费市场主力的"90后""00后"鲜少对其有完整的品牌认知。由于代际之间的成长环境不同,父辈一代的消费者注重产品的实用性,而年轻群体更看重品牌产品是否契合其价值观与生活方式。因此,传统日化品牌必须聚焦年轻用户,分析其消费心理与消费习惯,实现产品下沉。

### 2. 内容年轻化:次元审美塑造品牌记忆

信息泛化时代,用户的注意力被极大地分散,同质化信息不断"侵蚀"着消费者,在"灵韵"匮乏的语境下,品牌传播只有在内容上进行创新,以幽默风趣、简单时尚的内容取代过去传统保守的内容,迎合年轻消费群体的审美与价值观,才能加强消费者品牌认知、改善品牌印象。新媒体时代,年轻人的内容审美出现鬼畜、二次元的倾向,目前已有部分企业借助二次元,在品牌营销时进行品牌人格化,推出具有品牌特色的IP形象。除了上文提到的"榄菊×永乐宫国潮宝盒",同为知名日化品牌的雕牌早在2017年便推出了其独具特色的品牌形象IP——雕兄,在线上各类营销活动中化身暖男雕与消费者互动,增

加了话题热点和品牌传播度。这些 IP 营销不仅使品牌在市场上更具辨识度，更通过某种符码层面的"仪式"将拥有共通意义空间的人们聚合在一起，打造出品牌独有的集体记忆。

### 3. 媒介年轻化：渠道重组扩容品牌声量

根据《中国互联网络发展状况统计报告》，截至 2020 年 12 月，我国网民规模达 9.89 亿，互联网普及率达 70.4%。"90 后""00 后"作为目前的消费引擎，成长于信息发达的互联网时代，品牌要想实现年轻化转型，必须主动推入互联网领域，布局新媒体矩阵，优化媒介组合战略，与消费者加强互动。纵观榄菊的品牌年轻化过程，从线上看，既积极与年轻受众广泛的国家级媒体合作，又开辟微博、抖音、小红书等新媒体矩阵；从线下看，榄菊深入高校巡讲，搭建线下消费体验店，吸引年轻群体关注，为品牌积累潜在消费者。综上所述，榄菊作为在日化消杀领域的传统国货品牌，通过明确品牌定位、搭建传播矩阵、创新内容表达等手段，积极布局年轻消费群体市场。新媒体时代，消费群体的迭代、市场格局的波动与传播方式的革新对传统日化品牌来说既是机遇也是挑战。在消费群体年轻化与大众数字化生存的大背景下，具备创新、分众化、精细化的品牌年轻化战略是企业品牌管理的大势所趋。企业只有通过精准定位，创新内容生产，整合线上线下营销资源与渠道，才能提高消费者的品牌认同，实现品牌基因的年轻化改造，从而在竞争激烈的市场上可持续发展。（韩亚辉、郭智敏，同济大学艺术与传媒学院）

# 案例分析2：
# Z世代消费崛起下的品牌年轻化沟通之道

随着以Z世代为代表的年轻群体逐渐变得经济独立和消费决策自主，其身上蕴藏的强大消费增长潜力也慢慢显露出来。《2020Z世代消费态度洞察报告》显示，我国Z世代人群约2.6亿人，开支达4万亿元人民币，其开销约占全国家庭总开支的13%，消费增速远超其他年龄层。面对"95后""00后"这股新崛起的消费主力军，如何使用年轻群体的话语与其沟通，进而实现品牌年轻化，成为决定品牌未来成败的关键。时代更替和消费者迭代赋予了每个时代消费者鲜明的时代特征，作为数字时代的原住民，Z世代的生活方式发生了质的变化，他们的性格也更加自我和独立，更加关注人生的体验感，同时也更加懂得去挖掘最好的价值和服务。他们在消费行为和消费习惯方面的新属性影响着品牌的营销理念，也引领着品牌发展的新趋势。

深耕有害生物防制领域约40年之久的国民品牌榄菊，目前已经发展成为涵盖驱蚊杀虫、家庭清洁洗涤、消毒除菌多个产品品类的领军企业。在成长的历程中，榄菊逐渐确立了"国货、幽默、健康、科技、植物、天然"的品牌调性。2017年榄菊推出全新的VIS，以崭新的品牌形象面世，提出由"日化"至"家护"的行业升级理念。征服了几代消费群体的榄菊始终积极探索与年轻一代消费者的高效品牌沟通之道，尝试以"出圈"的营销拉近与年轻消费群体的距离。目前已经成为"国货潮牌"代表的榄菊，其品牌年轻化的经验对于许多因品牌老化问题寻求品牌焕新的企业来说，具有一定的参考价值。

## 一、目标群体：洞察年轻消费者，把握消费新趋势

营销沟通只有根据消费者的心理特点和消费习惯制定战略才能确保取得良好的成效。与互联网共同成长的Z世代，无论是生活方式还是消费习惯，都与过去有很大的不同，要想抓住Z世代，前提是真正理解他们，懂得如何与其沟通。

为了更加贴近年轻群体的日常生活,准确洞察年轻人的消费偏好和心理特点,榄菊与学院奖展开战略合作,成为2020年春季征集大赛的战略命题单位并设立"榄菊实效创意奖":一方面,以大学生群体为主的年轻人在参与品牌的市场调研、创意构思、营销设计的过程中,对榄菊品牌的内涵有了深入了解,成功实现了品牌对于年轻群体的心智植入和品牌曝光;另一方面,通过大赛征集大学生创意作品的方式来听取年轻人的想法和意见,让年轻人自己评选能够打动自己的创意,实现了营销创意"从年轻人中来,到年轻人中去"的良性循环。

首次参加大赛命题的榄菊就收到了16000多件创意作品,由大学生组成的初评评审团以年轻人的喜好和眼光评选出最具年轻元素的作品进入大赛的终评名单。在这个过程中,榄菊既实现了对年轻消费者的心理洞察,加深了对年轻群体的认识和理解。同时,也完成了品牌对年轻消费者的市场教育和心智植入。

## 二、渠道通路:传统渠道持续发力,数字平台深度触达

传统行业品牌要入局"年轻化"转型,需要选用时下最受年轻人欢迎的渠道和方式进行沟通。Z世代成长于中国经济腾飞时代和移动互联网时代,相较于其他年龄层,"00后"对于网络交流的价值认同感更高。年轻群体媒介接触习惯的改变和新媒体在营销领域的大放异彩,要求企业不仅要对产品进行重新定位,也需要对传播渠道进行重新整合。考虑传统媒体在品牌传播上的价值,基于天气与病媒生物习性的强相关性,榄菊与中国天气展开全面合作,重点投放CCTV《新闻联播》后的《天气预报》,占领传播制高点,精准传播榄菊"护卫人居健康、共享静美生活"的企业理念。在中央电视台以及"中国天气"旗下全媒体资源的双重权威背书下,榄菊的行业领军地位进一步得到强化,品牌知名度和认可度持续提升。其中,榄菊与中国天气联合发布《2020全国蚊子出没预报地图》《2021全国蚊子预报地图》《全国灭蟑姿势地图》等充满趣味、富有传播张力的特色内容,被人民日报、新京报、生命时报等媒体自发转发。微博话题#近3天全国蚊子预报地图#发布

后更是迅速冲上微博热搜榜，引爆全网热议，话题阅读迅速超 2.2 亿人次，在年轻群体中被广泛讨论，为品牌赢得年轻消费群体的喜爱发挥了重大作用（图 4-1）。

图 4-1
节气与病媒生物习性联合研究院揭牌仪式

　　视频形式是品牌斩获 Z 世代的重要风口，对于品牌广告的投放而言，视频类 App 具有较高的广告传播价值，尤其是短视频 App。榄菊迅速洞察了视频直播赋能品牌传播的巨大价值，积极围绕视频直播展开布局，探索品效合一的直播营销新模式。2020 年 3 月，榄菊在企业内部开启了"榄菊全员直播计划及金牌主播评选活动"，通过内部培训和选拔竞赛孵化企业内部金牌主播，还顺势推出"榄菊金牌主播直播指南"，打造全员直播的企业文化氛围，以最大化直播营销的能效。在"战蟑行动""4·21 爱家消杀日"等营销活动中，通过直播带货、云直播分享会的形式（图 4-2），向消费者推介消杀产品以及家庭消杀专业知识，以新颖有趣的互动和展示方式，让榄菊专业化的形象深度触达年轻群体内心。

　　通过传统媒体持续发力、数字平台的灵活策略，榄菊成功形成了针对年轻群体立体覆盖的声量矩阵，通过营销活动与年轻群体互动沟通，取得了不俗的品牌传播效果。

图 4-2 直播截图

### 三、方式手段：发挥场景营销潜能，突破消费圈层壁垒

场景是特定情境下用户所处的空间环境、实时状态、社交氛围、关系与情感体验等。伴随整个消费生态的剧变，企业营销理念也由传统的以商家产品和品牌营销场景为中心向以消费者需求和生活场景为中心的变迁。面对个性张扬、追求独立、反对权威和单向教化的年轻消费群体，品牌营销只有通过挖掘和构建年轻群体多样化的消费场景，以场景作为营销切入点，通过多样化和个性化的营销方式，激发和满足年轻群体在不同场景下物质和精神双重的价值需求，才能够与其建立有效的情感连接，拉近与年轻群体的心理距离进而突破其内心防线。2020 年新年伊始，借势 2019 年火爆全网的《野狼 disco》的传播热度，榄菊在延续病毒视频欢乐嗨唱精髓的基础上推出《欢洗 disco》。"左手拿起榄菊洗洁精，右手画一颗爱心……"节奏欢快、"朗朗上头"的音乐旋律，搭配动感十足、活力无限的魔性舞蹈，在带给用户欢乐的同时，将榄菊清洁产品和快乐元素成功植入春节期间家庭大扫除的各种场景，开创春节期间家庭全员欢洗大扫除风潮。

Z世代多为独生子女,他们在成长的过程中孤独感较强,对于社交有着强烈的需求、意愿。社交网络上的内容创作既是他们作为互联网原住民表达自我诉求、实现个人价值的方式,也是建立和融入圈子的重要手段。为了迎合年轻消费群体乐于分享、积极表达自我的个性特征和互动需求,榄菊联合抖音发起抖音挑战赛,进一步发掘#欢洗disco#的营销势能。在抖音达人的带动和号召下,全民参与热潮被激活,海量#欢洗disco#主题创意的UGC仿拍视频被上传至抖音平台,相关话题迅速发酵并蔓延至整个社交网络,成功激发品牌的二次传播效应,挑战赛累计播放量迅速突破2.6亿人次(图4-3)。这一营销策略在榄菊抑菌洗手液系列新产品的营销推广中得到充分的运用和体现,"实力抑菌,'手'选榄菊"整合营销传播项目更是顺利斩获2021Y2Y品牌年轻节暨第十届ADMEN国际大奖的实战金案奖。

图 4-3
欢洗 disco 话题

　　互联网不仅打破了传统物理场景中群体成员因不同差异所产生的隔阂,而且消灭了地理界限,促使孤立的个体走向聚合,进而衍生出许多具有相同诉求和认同的虚拟族群(或者说圈层)。社交媒体的互动性、开放性,进一步加强了个体联动性，并构建起某种非主流身份或情感认同，最终形成了结构稳定且具有集群效应的社群。消费是年轻人寻找身份认同、建立社交圈的方式，打破年轻消费群体的圈层壁垒，需要以场景介入，从品质和情感双维度为消费者提供价值，用有趣的方式进行沟通，消费者不仅会觉得品牌是好用的品牌，还是好玩的品牌。释放出专属年轻人群的品牌活力，帮助榄菊实现了企业价值观的输出、品牌和产品的传播，也不断刷新了大众对榄菊品牌的期待与感知，让榄菊与其他的内容营销有了区分，帮助其触达更多不同圈层的年轻用户。

## 四、结语

菲利普·科特勒提出的营销4.0概念，其主旨思想是以大数据、社群、价值观营销为基础，企业将营销的中心转移到如何与消费者积极互动、尊重消费者作为"主体"的价值观，让消费者更多地参与营销价值的创造。这一思想的远见之处伴随着数字营销时代的来临和Z时代消费崛起的大趋势展现得愈加明显。从榄菊的营销实践来看，其品牌年轻化的沟通之道与科特勒的营销思想不谋而合，其营销实践也在不断启发越来越多的品牌释放出年轻活力，在新消费时代的大浪潮下顺势起航。（李年林、张殿元，复旦大学新闻与传播学院）

# 案例分析3：
# 品牌年轻化——中国企业如何打赢"Z世代攻心战"

每家企业所在的行业、拥有的核心资源、品牌定位不同，正因如此，几乎没有两家企业的市场竞争战略和市场竞争策略是完全雷同的。不过，在取悦Z世代群体这件事上，几乎所有的企业都能达成共识。

## Z世代消费者画像

Z世代是谁？从代际上来看，1996年以后出生的消费者都可以被称为Z世代。巴克莱银行研究报告（2017）显示：Z世代占总人口比例的25%，超过Y世代的24%，已经成为消费市场的中坚力量。

中国拥有世界上最庞大的Z世代，9~23岁、15~23岁的Z世代的人数分别达到惊人的2.65亿和1.49亿。显然，对企业而言，Z世代已经不是小众人群，其已经成为新的主流消费人群。对任何品牌而言，无论昨天创立了怎样的商业奇迹，或者积累了如何丰厚的品牌资产，在面对Z世代人群的时候，仍然要面临一场大考。如果能够赢得Z世代人群的青睐，就意味着品牌调性仍然年轻，进入新的主流消费市场就拥有了"通行证"。反之，如果品牌不能取悦Z世代人群，则折射出品牌在一定程度上正处于老化趋势。长此以往，在主流市场上将会逐渐被边缘化，品牌势能和销量的双双下滑几乎是不可避免的。

尽管大多数品牌都已经意识到品牌年轻化对于品牌未来发展的战略意义，很多企业行动起来，实施年轻化营销策略，但往往事半功倍，甚至在与Z世代的交互中陷入"剃头挑子一头热"的窘境。根本原因在于，相关企业并未真正"读懂"Z世代人群究竟想要什么。和上一代消费者相比，Z世代群体的消费行为主要体现为以下三大特征。

**特征一：** Z世代消费者的消费需求更细分，创造出大量新的消费场景。

场景代表着更大的消费共性，可以说场景是品类之父。在同一场景下的消费者或者消费行为、消费心理，总会存在若干共性特征。

对品牌而言，一旦能够率先洞察并满足这种共性消费需求，就能够抓住主流消费市场。"怕上火"和"经常用脑"都是基于场景对自身品牌进行定位的经典案例。

Z世代消费群体的消费场景，具有虚拟化、多元化、碎片化、情感化等新特征。致力于实现品牌年轻化的企业必须高度重视这些新场景。

**特征二：** 与其他代际消费者相比，Z世代消费者更加注重自身的感受，更加偏好和自身的个性相契合的、能够带来情感共鸣的、可以参与共创的品牌。

**特征三：** Z世代人群固然不会忽视产品的功能属性，但也可能在很多情况下更关注产品功能属性之外的感性、体验、娱乐和社交因素。这些因素不仅决定着其消费选择，也决定着品牌在其心中的价值。

腾讯《2019年Z世代营销实战手册》显示：Z世代典型的消费态度，是通过品牌消费融入所在圈层、维护社交圈，打造鲜明的个人人设。

相比于更崇尚"基于功能差异化的实用主义"的"70后"和"80后"，Z世代品牌消费的背后的社交动机更强。因此，Z世代消费群体会更在意产品（或服务）是否具有"潮玩"属性，彰显自身前卫的身份标签，继而有助于自身社交需求的实现。

## "榄菊们"：如何在Z世代中演绎品牌资产

榄菊是一家资深的日化企业，其总部位于孙中山先生的故里——中山市小榄镇。自成立以来，这家日化企业专注于消杀领域，1982年，榄菊成为中国国产电热蚊香片的开创者。

随着Z世代进入主流市场，消费随之发生结构性变化的背景下，榄菊强烈地渴望品牌年轻化。

榄菊的现状和诉求在中国企业中颇具代表性，"榄菊们"通常具有以下特征。

（1）依靠品类聚焦起家，招牌产品的销量具有领先优势。榄菊专注消杀行业的40年，畅销全球30多个国家和地区。

（2）在原有的主流消费人群中，已经建立了较为广泛的品牌认知，但随着"70后"已经迈向50岁，以及"这世界上已经不再有20多岁的'80后'"，企业也面临着如何实现品牌年轻化的战略命题。

（3）尽管企业对品牌年轻化已经足够重视，但是用Z世代的话语体系和Z世代沟通并无足够的把握。年轻化战略可谓机遇和风险并存。

## 携手学院奖：用Z世代的方式和Z世代沟通

对榄菊这样的企业来说，无论企业组织多么高频次的培训、拥有多么现代化的技术想，要做到与时俱进，需要的是年轻的活力，想要成为百年企业，起码要抓得住一代又一代的年轻人。否则，即使曾经有着雄厚的品牌资产、可观的销量，其品牌势能也会逐渐减弱，在竞争中难逃被边缘化的命运。

尽管品牌年轻化受到很多企业的重视，这些企业也正在尝试与年轻消费群体互动，但却收效甚微。很多企业的营销总监总是抱怨：原来以为和Z世代消费者只是隔着"一层纱"，现在看来却是隔着"一座山"。其根本原因在于企业原有的营销范方式和Z世代消费群体发生了错配，正如科特勒曾经说过：市场的变化总比市场营销快。

企业与Z世代消费者沟通不畅主要存在两方面的问题：①很多企业口头上说重视Z世代消费者，但要么高高在上"俯视"，要么"仰视"，虽然极力讨好，但Z世代并不买账。实际上，取悦Z世代人群，"俯视"或者"仰视"都不是最好的方式，只有"平视"，才最有可能与Z世代消费者建立沟通。②很多企业不擅长用Z世代的专属话语体系与之沟通。在话不投机的情况下，Z世代不愿意买账。

对专注于消杀行业的榄菊而言，如何才能用Z世代专属的语言与其沟通，曾经是一个令其很困惑的难题。

如果还像过去一样，强调产品的专家形象、使用效果，抑或产品的技术优势是否可行。对不起，年轻消费群体很可能并不在意这些。

对Z世代消费群体而言，他们更关注品牌的调性是否和自己的个性化诉求相契合，更关注产品的颜值如何，以及产品是否符合潮玩特征，且具有良好的社交属性，这些可能是打动年轻消费群体的重要因素。

为了用Z世代喜欢的方式与Z世代沟通。榄菊选择了专注于品牌年轻化的专业服务机构——广告人集团。拿到学院奖征集的作品，榄菊不仅感叹年轻消费群体的脑洞大，而且获得了一个了解Z世代群体的绝佳契机。至此，榄菊对年轻消费群体的一些认知误区得以消除。

（1）刻板印象认为：Z世代消费群体并不像"70后""80后"消费者那样根据品类选择产品，更喜欢用创意来诠释产品。

（2）刻板印象认为：年轻消费群体对经典无感，只迷恋创新。但是他们善于用他们的动漫方式和时尚语言来演绎武侠经典、影视经典、经典名作。

（3）刻板印象认为：年轻人桀骜不驯、内敛高冷、风趣幽默、思路开阔、生活经验丰富、联想能力超强。实际上，一旦打开心门，他们更是一个容易沟通、愿意倾诉的群体。

通过学院奖征集的作品，助力榄菊在品牌年轻化的方向和策略上走出混沌，变得陡然清晰。

## 借助新渠道，全面触达新的主流人群

人在哪里，生意就在哪里。正因如此，新渠道往往成就新品牌。

在品牌年轻化的过程中，积极拥抱新渠道有着重要的意义。新渠道不仅是后发品牌弯道超车的通道和入口，也是先发品牌触达新主流人群，避免被边缘化，构筑品牌护城河的重要途径。例如，在辣酱行业，后发品牌虎邦率先洞察到外卖渠道的新机会，找到新的消费场景，在老干妈占绝对优势的情况下为自身抢占了生存空间。

在品牌年轻化过程中，榄菊积极尝试直播、社区电商、知乎、小红书、B站等年轻消费群体的聚集地，与之展开积极的沟通与互动。

在抖音平台，榄菊创办了首个驱蚊舞区域挑战赛，活动开始仅三天，播放量就达到惊人的3亿次。同时，榄菊还注重在新渠道中围绕特殊销售日（如春节）开展营销活动，提升清洁和洗涤类产品声量，如在＃新年用榄菊，欢洗disco＃活动中，榄菊收获了超过4亿次的播放量。

榄菊携手知乎，推出"国民杀蟑百科全书"云发布。榄菊还携手丁香医生，推出"2020居家消杀指南"云分享，获得了可观的曝光量和粉丝的热情回应。

积极拥抱新渠道，让榄菊可以有效触达年轻消费群体。不仅获得了可观的曝光量，也享受了新渠道的红利。

**深度粉销：情感、圈层、参与感＝有趣、有料**

榄菊在与Z世代接触的过程中发现，这一群体并不喜欢平铺直叙的语言风格。

长期以来，榄菊的使用场景相对固定：蚊蝇威胁到人们的健康或者环境的清洁时，人们恨不得彻底根除之而后快。在消杀行业，为了跳出同质化竞争，树立并不断强化行业专家形象，强调更好的消杀效果，销量领先或者热销等差异化卖点成为品牌传播的主要方式。

在Z世代眼中，这种看似合理的传播方式，却很难吸引其注意力，和他们内心的感觉对上。

在Z世代看来，强调差异化品牌认知本身并没有问题，关键在于叙事方式和话语体系并不符合他们的偏好。在Z世代消费群体看来，消杀是件令人头疼的事情，即使是蚊虫这样令人痛恨的存在，如果和动漫、二次元、人格化等方式结合，也可以变为有趣的冷知识、话题爆点，以激发消费者倾诉的欲望。

学院奖获奖作品进一步表明：与其生硬地宣贯品牌价值或者核心卖点，还不如用Z世代的语言风格找到他们感兴趣的话题，触发他们的情感共鸣。与其他群体相比，年轻消费群体是一个更渴望得到承认、倾诉和取得情感共鸣。

打开Z世代消费者的心门，就要使用有趣、有料、能够激发其情感的话题。

榄菊曾经推出富有创意的公关话题"蚊子出没地图"，一推出就登顶微博热搜。这一兼具知识性和话题性的话题在微博上成功被引爆出圈,被人民日报、新华社等40余家媒体转载并冲上微博热搜,话题阅读超2.2亿人次。

2020年,榄菊首次牵手学院奖,设立"榄菊实效创意奖",收获了16000多件创意作品,并斩获全场大奖。榄菊学院奖金奖获得者的创意正是围绕消杀的常见场景展开,作品运用了消费者的痛点,描述了关灯时蚊子在脸、鼻子、耳朵上肆意妄为,让人痛苦不堪,难以入睡。蚊子的形象以滑稽的样貌和动作表达,让人们体会到蚊子的可恶,从而意识到榄菊产品的重要性。

由于Z世代人群更喜欢动漫、二次元、人格化等方式进行沟通。如果能够将榄菊产品的使用场景,用动漫形象和Z世代语言风格加以演绎,无疑将增加诙谐、幽默的因素,更有利于榄菊成为Z世代人群的谈资和社交道具,也更容易"出圈"。毫无疑问,这为榄菊未来围绕Z世代人群进行品牌传播与公关指明了方向。

很多陷入同质化竞争的企业苦于找不到好的公关创意与年轻客户沟通,遑论破圈与出圈。

实际上,很多企业一味追求拉新,却忽略那些不仅购买自身产品,而且对自身品牌有着特殊情感的客户,本身就是宝贵的创意源泉。尤其客户中那些既是产品的使用者,又对品牌有着特殊情感的群体,更是企业弥足珍贵的核心资产。

菲利普·科特勒认为,在营销4.0时代,品牌不仅属于企业,而且是管理者和企业共创的结果。通常,一旦用户参与产品或者品牌建设,参与者将从中获得自我效能感,满足自身的成就动机。

榄菊与学院奖的合作再次印证了上述观点。通过参与学院奖,年轻学子们在为榄菊创作平面、文创抑或微电影的过程中,获得了满满的成就感。

#蚊疯丧胆#、#渺无蝇踪#、#蟑惶失措#等文案创意对于榄菊的品牌年轻化具有双重意义:①获奖文创UGC作品为榄菊品牌或产品公关提供了新的创意源泉。UGC内容和PGC内容的紧密配合,将产生"1+1>2"的良好效果。②身为Z世代的广大在校生通过积极参与榄菊的文创活动获得了满满的成就感,

其对榄菊品牌产生了积极且更加丰富的品牌联想。借助学院奖，榄菊收获了一批Z世代的铁杆粉丝。

**通过品牌模型的迭代，实现品牌年轻化**

品牌实现年轻化，采用适应竞争需要的品牌模型同样重要。对品牌方而言，随着市场中品类分化速度的加快以及主流消费者代际更迭，对自身品牌模型进行有效迭代，对于实现品牌年轻化具有重要意义。

新品类的机会往往会发展成为年轻消费群体喜欢，并且愿意购买的新的细分主流消费。成熟品牌发展的早期，往往依靠聚焦获得突破口，但是任何品类都有自身的天花板，遇到增长瓶颈，品牌不可避免地面临是否向新的机会性品类延伸的问题。在这种情况下，采用"产业品牌＋专业子品牌"的方式成为一种更加灵活的品牌模型（图4-4）。

"产业品牌＋专业子品牌"的模型具有以下好处：①充分考虑和尊重企业原有的品牌资产，国潮背景下，中国李宁获得Z世代人群的青睐，还带动了原

图4-4
"产业品牌＋专业子品牌"

有产品的销售，实现了母品牌的年轻化。无独有偶，洽洽推出小黄袋，不仅打破了原有瓜子品类的天花板，也抓住了新细分品类的机会，刷新了自身品牌在年轻消费者心目中的品牌认知。②新产品或者主流。③品牌模型可以通过不断推陈出新，实现模型结构的迭代，继而保持整个产业品牌的年轻化。例如，回头客食品砍掉虽然尚能够盈利，但是品类已经老化的专业子品牌——欧式蛋糕，将释放出来的资源投入成长性更大、年轻消费者更青睐的新兴细分品类——华夫饼，通过专业子品牌的吐故纳新，实现了整个产业品牌的年轻化。

榄菊成功构建了"产业品牌+专业子品牌"的品牌模型。同时，在产业品牌的基础上，又发展出儿宝健、精亮、碧芳菲、猎网、金果园、菊之语、金霸旋风等专业子品牌（或者产品系列）。榄菊高度重视通过新产品或者新的专业子品牌的推出，实现整个产业品牌年轻化的战略意图。

例如，榄菊在其洗手液产品上市推广的过程中，尝试了抖音直播等新通路。同时，该产品还高度重视用年轻人喜欢的方式增强其参与感。2020年12月26日，榄菊旗下洗手液新产品通过在抖音全民任务发起吉尼斯洗手挑战活动，在全民参与的热潮下，共收获7.2万人次的视频播放量。

通过不断推陈出新，榄菊的"产业品牌+专业子品牌"模型不断被迭代和完善，实现了品牌年轻化。未来，相信掌握Z世代群体正确打开方式的榄菊品牌将更具成长性并展现出更强的年轻活力。（赵海生，北京大学案例研究中心）

# 案例分析4：
# 榄菊品牌年轻化整合营销策略探析

近年来，Z世代消费地位的凸显、互联网媒介环境的巨变、品牌常青的需求，使更多传统日化品牌开始积极对话新兴消费力量，寻求品牌年轻化的突围路径。2021年8月22日，榄菊凭借"携手中国天气，打造顶流专业传播生态""实力抑菌，'手'选榄菊"整合营销传播项目，在2021Y2Y品牌年轻节暨第十届ADMEN国际大奖荣获金案奖，标志着榄菊品牌年轻化网络整合营销的成功突破。怎样将品牌年轻化理念融入网络整合营销模式中，打通公域和私域的"最后一公里"，榄菊积极拥抱市场，乘风破圈，从营销定位、营销思维、营销内容以及营销渠道方面，激活品牌年轻化因子，走出一条品牌年轻化之路。

## 一、营销定位年轻化：下沉定位，聚焦年轻群体

学者卡普费雷认为，营销策略的创新是促进品牌年轻化的重要方法，企业在市场划分、产品创新以及传播创新方面的年轻化定位，是破解品牌长寿的基因密码。根据艾·里斯与杰克·特劳特提出的定位理论，品牌在进行信息传播时应坚持"先定位，后传播"的原则。品牌的营销定位是企业在市场定位和产品定位的反应，在整个营销过程中决定着后续营销内容配置和信息传播输出的基调。精准的营销定位可以将消费者的认知和需求与品牌结合在一起，保证品牌年轻化战略的有效性。1982年，在榄菊品牌诞生之初，品牌的主要定位为蚊虫消杀品牌，品牌的主要消费对象定位为大众人群。随着新生代消费者的崛起，Z世代人群的消费能力日益凸显，然而，针对年轻消费群体的深入调研显示，年轻消费者并没有形成自己的偏好购买，主要以家长群体的购买为主。因此，在品牌营销定位的过程中，在保障原有中老年忠实购买群体的基础上，榄菊通过一系列营销举措下沉定位，聚焦年轻群体，激发年轻受众的注意力。无论是

品牌营销思维、品牌营销产品的完善升级，抑或是营销传播方式的转变，榄菊以年轻消费者为出发点，在每个环节注入年轻化基因，以培养年轻受众对于品牌的好感度和忠诚度为目标，促进老字号品牌焕发新机。

品牌营销年轻化定位，需要深入年轻消费者群体，懂得其圈层内的品牌价值态度。为此，从2019年开始，榄菊通过学院奖，每年征集万余组高校学生基于榄菊品牌认知的参赛作品。通过对学院奖创意作品内容、产品、品牌的深度创作和传播，榄菊开始透视年轻消费者群体的品牌态度、品牌喜好、生活方式等。同时，高校群体作为年轻群体中最为活跃的人群，能够捕捉年轻群体的品牌认知痛点，以最流行、最精准的品牌创意呈现方式实现品牌和年轻群体的双向沟通，引导所属群体融入品牌价值体系中。

## 二、营销思维年轻化：引起注意，挖掘消费需求和社会热点的关联

营销学专家舍费尔曾提出"内容休克"的概念，"内容休克"产生于数字时代用户消费内容和互联网内容增速的失衡之中。通俗来讲，用户在信息过剩的互联网信息环境中无法消化全部内容，用户注意力视域之外导致"内容休克"。在品牌营销领域，表现为品牌产品信息过载，反而无法吸引消费者的吸引力。如何聚焦消费者的注意力，无疑对品牌年轻化营销方针提出更高层次的要求。从消费者自身来讲，消费者在各种各样的消费场景中面对与其有关的消费刺激物，会进入"知觉警惕"状态，更容易被当下所需产品的营销信息所吸引。从外界环境来讲，社会热点具有较高的知晓度和关注度，品牌在进行社会化营销的过程中，将与消费者强关联性的消费需求融入热点社会话题的议程设置中，不仅能聚集消费者的关注力，而且能增强营销信息的传播强度。因此，在互联网信息传播环境中，深度挖掘目标消费者需求和社会热点话题的关联成为品牌年轻化营销的重要思路。

消杀产品的消费者需求会根据节气的变化出现明显差异，蚊虫繁殖肆虐的时节与消费者关注的天气热点有很强的契合度，可以说，消费需求和天气变化直接关系到榄菊的营销布局。为此，榄菊与中国天气一起深度挖掘气象与产品

的结合点，拓展话题的社会性，开发出提高用户关注度和记忆度的新媒体产品。2020年，榄菊与中国天气、江苏气象三方联合发布了《2020全国蚊子出没预报地图》，通过中国天气平台全网宣发，微博话题登上热搜榜，总阅读量超过2.2亿人次。"蚊子地图"契合年轻受众的消费心理，将消费需求通过新颖的卡通漫画形象地表现出来，并且结合天气热点，迅速掀起持续的话题讨论。2021年，榄菊在原有"蚊子地图"的营销基础上，发布《2020全国蚊子出没预报地图》《全国灭蟑姿势地图》等特色内容，点爆消费者的防蚊虫需求与天气话题的讨论，为品牌赢得了年轻消费群体的喜爱。

## 三、营销内容年轻化：激发兴趣，以情制胜，善用传播营销4I原则

在网络时代，注意力获取是品牌营销活动顺利开展的前提，激发兴趣则能影响品牌触达客户的有效性。当下，Z世代消费者的购买行为具有更多的情感价值意义，"为社交、为人设、为个性、为悦己"。在社交媒体的语境下，品牌年轻化的内容营销模式必须有效触达受众的情感，运用年轻人喜闻乐见的元素和呈现方式以情制胜，增强品牌和消费者之间的情感黏度。市场营销学家舒尔茨认为网络时代营销方式应该更加明确消费者导向的理念，为此他提出网络时代整合营销的4I原则，即趣味原则（Interesting）、利益原则（Interests）、互动原则（Interaction）以及个性原则（Individuality）。4I原则契合了Z世代消费者的消费理念，榄菊在品牌年轻化的内容营销方面，将4I原则内化于心外化于行，通过充满趣味的情感营销和创意新奇的个性化娱乐营销，激发年轻消费者的兴趣，建立起与消费者之间的价值认同。

在趣味原则方面，无论是榄菊经典广告《土著篇》《功夫篇》，还是由某明星夫妇加盟的融合"穿越+武侠+现代"元素的当代广告，榄菊用幽默轻松、标新立异的广告风格，在同质化广告中掀起独特的"榄菊风"。榄菊采用故事化、戏谑化以及经典影视IP改编的方式，使企业所要传播的品牌理念具象化、趣味化，力求激发消费者的消费欲望。在利益原则方面，只有符合消费者物质利益和精神利益的产品才能够深度契合消费者的价值认同。通过深度调研，榄

菊了解到年轻一代消费者对于驱虫产品的需求已不仅仅满足于消杀，护肤和健康已成为年轻消费者更看重的卖点。基于此，榄菊洞察年轻消费者的消费痛点，在驱蚊产品中添加玻尿酸成分，研发出年轻人心仪的驱蚊液和抑菌洗手液新品系列，并且实现营销内容从"驱"到"护"的转变，再次引领消费升级，由此榄菊凭借"实力抑菌，'手'选榄菊"整合营销传播项目斩获营销整合类实战金案奖。个性化已然成为当下年轻消费者的主要消费诉求，跨界联名为个性化消费需求提供了有效的路径。作为优质的国货品牌，榄菊在跨界联名方面选择与传统中国元素结合，和中国永乐宫壁画博物馆联名打造限量版国潮宝盒。榄菊将蕴含神仙下凡消灭蟑螂寓意的青龙和白虎刻印在宝盒上，将经典壁画文化与榄菊的东方美完美融合，既保证经典榄菊的文化魅力，又满足消费者的个性诉求。互动原则在内容营销的过程中是取得消费者情感共鸣的重要法宝，2021年第2季度，榄菊社会化媒体创意传播大赛发起"我的榄菊故事"创意传播赛，参赛的同学们发动巧思，配合不同主题的场景内容，通过小红书、B站、创意星球三个平台分享自己的榄菊故事创意，最终创作出万余份优秀的创意作品。榄菊利用新媒体的社交互动基因，在年轻受众中发起话题挑战，实现品牌与用户之间的互动对话，既更深层次地了解年轻受众的品牌创意态度，同时也增强与他们的情感黏度。

## 四、营销传播年轻化：提升声量，凭借权威发声和网络媒体矩阵式传播

新媒体视阈下，网络营销的传播渠道突破圈层、场景、时空的限制，走向全媒体、全场景、矩阵化全新营销运营的媒介环境中。在年轻化整合营销的道路上，榄菊理解了网络传播个性化、交互化、实时化、情绪化、场景化的特点，在网络媒体渠道多维度矩阵式发力全媒体营销，全面提升品牌的传播声量。

网络营销时代，CCTV作为主流媒体，其公信力和影响力不容小觑。企业借助国家级媒体的权威发声，能够快速占据传播制高点，将产品营销内容有效地传递给消费者。在此次荣获营销整合类实战金案奖的"携手中国天气，打造

顶流专业传播生态"项目中，榄菊依托CCTV、中国气象局、中国气象台的多重权威背书，提升榄品牌传播声量。自2020年1月1日起，榄菊与CCTV合作，正式投放《天气预报》节目，并结合蚊虫爆发的季节性和地域性，灵活调整版块精准传播。与此同时，榄菊在《军事气象》《农业气象》同步投放硬广，开发最具消费潜力的三四线市场，推动产品下线市场销售。三个央视权威频道全天多档节目排播，长效曝光和权威赋能持续触达受众群体，有效提升品牌的知名度和可信度。

数字时代，移动互联网和社交媒体成为品牌营销的主流传播渠道，其中建立在传受双方情境场域互动交流的直播模式更是企业年轻化营销的重要实现渠道。榄菊在传统网络营销的基础上打造当下"名人＋直播推广"的营销传播重点，同时配合微信、微博、小红书、快手、抖音等社交媒体的多维联动推广，实现了品牌形象传播的持续性曝光。在榄菊的杀蟑系列产品营销传播活动中，前期以微博、微信等社交平台灭蟑活动的预热造势为主，中期通过牵手美誉度较高的王祖蓝、李锐两位明星，合作不同圈层的快手头部达人和淘宝博主，邀请多位素人在直播中结合多维度的日常使用场景和示范体验为品牌功能发声，打造"明星＋博主＋素人"的种草矩阵，提升消费者的沉浸体验感知，将流量变为销量。直播结束后，榄菊利用热度在小红书安利以直播话题为主的分享传播，迅速聚拢粉丝，实现实时互动交流，期间榄菊品牌方制作了灭蟑表情包，被淘宝、小红书用户在实时评论中广泛使用，增强了消费者对品牌的情感认知。线上线下的融合可以让消费场景无线延伸，线下榄菊开展首场灭蟑科普活动，现场物料、产品仿真还原，并且运用当下流行元素打造外围弹幕墙，引发线下万人驻足观看，网红主播同时直播现场灭蟑科普情况，进一步强化活动效果。

## 五、结语

在快速变革的传播环境、市场环境下，榄菊敏锐地意识到年轻消费群体的品牌态度和品牌需求，通过将品牌年轻化理念融入网络整合营销的模式中，实现营销定位、营销思维、营销内容和营销传播策略的年轻化，以年轻人喜闻乐见的营销方式立体化展示榄菊的品牌形象。榄菊的品牌年轻化营销策略值得传统日化品牌借鉴，当下营销环境越发复杂多变，企业只有打破传统营销思维模式，完善升级内容生产，多维度、立体化整合多媒体营销渠道，为品牌营销注入年轻化基因，才能走向品牌可持续发展的长青之路。（徐静，北京师范大学新闻与传播学院）

# 案例分析 5：
# 面向 Z 世代的品牌传播策略研究

　　Z 世代是消费市场的主力军，有着巨大的消费潜力。随着 Z 世代在消费市场上享有更多的话语权，品牌在探究面向 Z 世代的品牌传播策略方面越来越重视。第一财经商业数据中心《2020Z 世代消费态度洞察报告》数据显示，全球 1996—2010 年出生的人口约有 18.5 亿。近些年，我国部分老牌企业在面向 Z 世代的品牌传播策略上有了一些创新和突破，针对目前部分中国品牌企业存在产品设计老旧、消费者有刻板印象、品牌知名度低等问题，榄菊在提升知名度、迎合和引导 Z 世代等方面做出尝试，取得了不错的效果。榄菊通过大数据分析、用户画像、参与学院奖、邀请业界专家讲座等渠道，潜心深入 Z 世代消费人群，积极探寻面向 Z 世代的品牌传播策略。面对市场和消费者的心理变化，在新的传媒环境下，企业如何应对、需要做出哪些努力。案例通过分析 Z 世代的思想观念和消费特征，以榄菊为例，分析并归纳出 Z 世代喜爱的品牌特征，为我国老牌企业提供了面向 Z 世代的品牌传播策略。

## 一、Z 世代的消费特征

　　新的 Z 世代是指 1995—2009 年间出生的一代人，他们一出生就与网络信息时代无缝对接，受数字信息技术、即时通信设备、智能手机产品等影响比较大，所以又被称为"网生代""互联网世代""二次元世代""数媒土著"等。《2020 年 Z 世代洞察报告》显示，在移动互联网的高度普及下，Z 世代用户快速增长，5 年时间用户规模翻倍至 3.2 亿，已成为移动网民中的重要组成部分（图 4-5），Z 世代的兴趣爱好十分广泛，尤其在社交、娱乐、购物等方面，这也使得在网上到处都能看到他们的身影（图 4-6）。

　　Z 世代身为移动互联网时代下的"原住民"，其生活形态与价值观、消费观、文化观、触媒习惯、内容偏好和消费行为等方面都具有独特性。在国家兴盛、

图 4-5
Z 世代用户规模变化情况

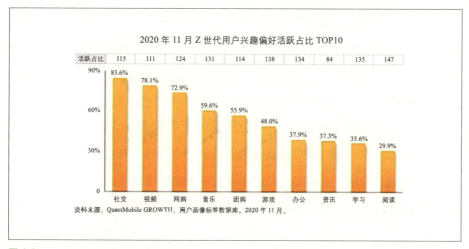

图 4-6
2020 年 11 月 Z 世代用户兴趣偏好活跃占比 TOP10

社会安定、经济繁荣、文化多彩的时代环境下,人们的消费水平逐步提升,更加看重消费过程中的获得感、满足感和体验感。作为我国消费人群的社会主力军,Z 世代是消费人群中最具个性、特色的年轻化代表,Z 世代的态度、看法、观点正影响着消费市场中各大企业的营销手段和传播策略选择。

从上面的数据分析来看，Z世代人群是互联网上有着较大影响力和关注度的庞大消费人群，他们的兴趣爱好广泛，大多集中在社交、视频、网购、音乐等方面。随着互联网的发展，多种娱乐、社交等自媒体平台横空出世，Z世代在这些平台上的活跃度非常高，他们喜爱从这些平台上探寻有趣好玩的事物。在自媒体时代，人人都是自媒体，人人都是发言人，他们会因为社交的需求和目的积极地分享自己喜爱的事物到自己的社群中，实现二次传播。另外，从兴趣驱使下的娱乐触媒偏好方面看，视频深受Z世代青睐，人均每月花费在视频娱乐上的时间接近50个小时，其中刷短视频、在线追剧追综艺以及观看游戏直播成为Z世代在视频娱乐领域的主要方式。除此之外，在游戏、二次元及追星等兴趣的带动下，Z世代对相应属性较强的视频应用平台偏好显著。

敖成兵将Z世代的消费理念概括为四大方面：看重消费体验、拒绝奢靡消费、在乎消费品位和接纳消费符号。Z世代相信自我判断，购买决策周期短，且偏好可全方位线上了解及购买体验，他们关注个人隐私，喜爱定制化服务，尝试去挖掘最好的价值和服务，更愿意为自己的喜好买单。

重视消费体验、看重消费品的社交属性是Z世代的显著特征。近些年，"剧本杀"和"密室逃脱"深受年轻消费者的喜爱，一个爆款的剧本可以为行业带来百万元的收入，"剧本杀"门槛低且参与性、社交性、体验性强，许多用户们可以在玩家、DM（主持人）以及作者这三个角色中转换自如。不少大学创办了"剧本杀"社团，除了购买剧本还会出版自己的剧本作品，学生们在体验之余也不乏激发创作灵感，"剧本杀"与许多强社交的网络游戏一样能使用户们在无负担沉浸式体验的同时扩展社交圈。

注重消费品位、接纳符号消费成为Z世代的另一显著特征。发达的网络在某种程度上扩大了对互动或交往平台的选择范围，用户们可以根据自身的需求或兴趣爱好，自主选择喜爱的社交平台，并融入志同道合的群体中，从而满足自身需要、实现个人价值。例如，粉丝群体就是一群有着共同目标的人，他们"为爱发声、用爱发电"，活跃在各大网络平台上。尽管"某偶像的粉丝集体控评，为偶像蹭热度时顺势制造舆论，煽动网民情绪"等新闻屡见不鲜，但粉丝群体也并非全是《乌合之众》中所描述的"群体"那样，一哄而上、丧失理性，相反，"粉丝群体"是一个极为有组织、有秩序的群体。据了解，粉丝群体内部有着明确的分工，彼此之间协力合作、权责分明。

粉丝群体为偶像发声的一项重要的表达方式就是为偶像消费，消费意味着给偶像创造价值，为偶像赢得更丰厚的报酬和更引人注目的知名度及曝光度。在大多数粉丝看来，为偶像消费不仅能给自己带来快乐和温暖，而且能为偶像创造价值。随着经济全球化浪潮的推进，经济高速、高质量发展更新了人们的消费观念，刺激了消费行为，人们的消费水平也逐步提升。消费对象由物转而着眼于符号消费。"在后现代理论中，符号消费所阐释的正是现代社会中人们消费需求发生的变化，符号消费本质上是一种文化层面的消费。"法国学者鲍德里亚对消费社会进行了深入的研究，他以批判的视角看待消费者和物品之间的关系。符号消费即通过编码，把人的内在性和主体性转化到符号建构体系中，把人自身所带有的情感、文化、欲望、激情等内在方面转化到对商品的需求中，供消费者购买。符号消费不仅对粉丝群体是必要的，对Z世代的消费者而言也是实现身份认同、取悦自我、巩固圈层身份、表达价值的重要消费行为。在符号消费的主导下，Z世代看重的并非是商品本身，而是消费关系、消费过程以及符号背后的文化属性。Z世代在消费文化的符号交换和符号创制中，追求的已不仅仅是一种"可视的生活"，也包括其他许多网络媒介和时尚符号所表征的生活。另外，注重消费品位并非崇尚奢靡，消费品位主要表现为商品的颜值、品质、格调和气质等。对消费品位的重视一方面表现为Z世代的审美能力的提升、生活质量的提高；另一方面体现为Z世代是有态度和主见的一代人。同样，Z世代接受符号消费并非赞同"无脑"的符号消费行为，而是为了彰显自身的亚文化特征，将消费热情与个人特质融入消费过程中，从而体会创制消费符号的喜悦和乐趣，获取精神能量和情感动力。

总体看来，Z世代在消费心理上较为理性，消费偏好上更喜爱好玩、有趣、自带社交属性的商品，如"剧本杀""泡泡马特盲盒""JK制服"、潮鞋、各种动漫手办等。另外，Z世代在消费价值上更重视商品带来的体验感和愉悦感，在乎消费品位，接纳符号消费。

## 面向Z世代的品牌传播策略

如今，Z世代已成为消费市场的主力军，了解他们的消费特征和消费心理，满足他们的需求，品牌才能焕发年轻的活力。近些年，榄菊聚焦Z世代消费者高颜值、高体验感、高品质、求新求异等消费心理特点，尝试开发更具Z世代特质的产品，在面向Z世代的品牌传播策略上有了新的突破，值得其他老牌企业学习和借鉴。接下来，从品牌包装、品牌调性以及品牌传播等方面着手，以榄菊为例，探究面向Z世代的品牌传播策略。

### （一）在品牌包装方面，突出简约、形象、高颜值的特征

一直以来，消费者对驱蚊、清洁、杀菌消毒等产品的需求量大，我国日化企业具有非常可观的发展前景。榄菊坚持做健康的产品，做健康的企业，收获了许多消费者的喜爱。除此之外，榄菊在品牌包装设计上具有简约、形象、高颜值的特点，这更能吸引Z世代消费人群。

Z世代成长在信息爆棚的时代，他们对产品的质量和颜值都有很高的要求，特别是对新鲜、个性、高颜值的事物情有独钟。例如，二次元、萌文化、亚文化圈的解构和重构等文化现象都能在Z世代中显现出来。老牌日化国企在品牌包装的设计上可以根据Z世代消费人群普遍的审美趣味和兴趣爱好加入新元素，如国风、明星效应、动漫等ACG元素的融入对Z世代而言更具吸引力，更能增强Z世代的购买欲望。值得注意的是，品牌包装设计更应注重原创IP的设计和开发，强调产品包装的原创性和独特性。

Z世代有很强的文化包容度，他们求同存异、和而不同，敢于表达个人的喜爱和欲望。产品的需求、质量、颜值和兴趣成为驱动他们购买的主要动力之一。高颜值并不等同于复杂，产品包装简约大方并能形象地凸显商品的卖点和亮点，能在"短视频时代"仅靠几秒钟"刷"出吸引力和关注度显得尤为重要。

## （二）在品牌调性方面，强调建立情感共鸣，提升品牌认知度的要求

在广告学中，广告设计中的调性是指广告画面所体现出来的广告诉求的感知形象。同样，在产品设计领域，产品的调性是指产品各设计要素所体现出来的产品的感知形象。产品调性融入情感化设计元素，有调性的产品使得用户对产品产生归属感。用户对产品本身产生归属感的同时，也会进一步对产品品牌产生归属感。榄菊被众多消费者称为"人居健康的守护者"，其健康、环保、绿色的形象早已深入人心。Z 世代的消费者讲究格调，重视健康、环保，更关心企业的健康形象、责任担当和与企业之间的情感联结。为向消费者传达品牌调性，与消费者建立情感共鸣，提升品牌认知度，企业可以邀请 Z 世代消费人群中有较大影响力且德艺双馨的各行业人员体验产品，接受产品测评，收集反馈信息，使 KOL 们在深受 Z 世代喜爱的社交平台"安利"产品。

另外，我国老牌企业还可以寻找合适的产品形象代言人，如深受 Z 世代人群喜爱的动漫虚拟人物、影视演员或歌手等，通过其自身的影响力，加强品牌宣传力度，提升品牌认知度。同时，也可以寻找与品牌形象和气质相契合的网络平台主播，通过"可视化"强互动的直播活动，同 Z 世代建立情感共鸣，促成有效、正面的情感消费。值得注意的是，情感共鸣的建立需要以陪伴和成长为基础。Z 世代出生在互联网时代，无论是线下还是线上的体验，与其他消费群体相比更多、更成熟。品牌的情感和温度影响着消费者对品牌的信赖感和分享欲。我国老牌企业在重视产品口碑、体验、质量的同时仍需要重视细节，从细微之处帮助 Z 世代的消费者选择合适的产品，从而同他们建立情感共鸣。

## （三）在品牌传播方面，构建全方位、立体式、有重点的传播矩阵

随着"互联网+"时代的到来与新媒体技术的革新，人类信息传播的手段和渠道逐渐呈现多样化的态势。欧洲作为人类研究传播的发祥地，为传播学的发展与研究提供了丰沃的土壤。古希腊时期，柏拉图的理想国视传播学为研究交往的学问，19 世纪以来马克思传播观的形成为当代传播学提供了重要的理论基础和研究方向。人类经历了从口语传播到文字传播再到传播手段多元的网络

传播时代，如今的传播手段、渠道、方式等都在不同程度上区别于过去。

达尔西认为，长期以来，大众传播活动都是单向、垂直进行的，传播新技术的不断涌现，使得大众传播垂直化、互动感更强。如今，参与感、互动感、沉浸感成为用户参与传播活动的重要条件，用户在网络世界中不断地生产和传播信息，为网络世界储备各种"资源"，这些"资源"也为人类的物质和精神生活提供不竭的动力。网络世界和现实世界看似是两个完全不同的空间，网络空间就像是一个"虚拟游乐场"，因其具备匿名、透明、虚拟等特征，使得各年龄段的用户在网络平台上都能各取所需，自由地发表言论、寻求情感联结等。

作为移动互联网的原住民，Z世代获取信息的方式大多依赖互联网，新媒介环境的形成使得各种信息平台出现在用户的视野中，网红和KOL的言论对Z世代造成了不小的影响。微信公众号"全行业报告圈"在2021年8月5日发布的报告显示：Z世代触媒习惯的主要信息来源是直播、短视频App、社交App和视频App（图4-7）。B站、抖音、微博等是Z世代主要的学习、娱乐阵地，根据对Z世代触媒习惯和内容偏好的分析可知，构建全方位、立体式、有重点的传播矩阵对我国老牌企业的发展十分重要。

近年来，榄菊在新产品的传播策略上有了全新的探索和突破。2020年，榄菊在洗手液新品上市的传播策略中，与全球知名IP吉尼斯深度合作，开展抖音

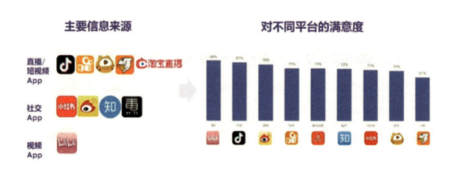

图 4-7
Z世代的主要信息来源和对不同平台的满意度

人气全民任务。此次传播效果佳、影响力大，抖音播放量超 1.2 亿人次，参与人数超 7.4 万人，上传视频超 7.2 万个，互动量超 720 万次。除此之外，在优酷、腾讯、B 站、抖音、小红书等核心视频平台进行发布扩散，收获了不少消费者的青睐。值得关注的是，品牌在取得成功传播效果的同时，应考虑传播策略引流的持久度问题，有侧重地精准投放广告，在满足 Z 世代需求的同时，需要考虑在 Z 世代眼中构建怎样的企业形象。我国老牌企业可以通过大数据、下沉市场、用户画像等技术为 Z 世代搭建"专属场所"，与 Z 世代同频共振、共同成长。一方面表现在我国老牌企业在后疫情时代下能积极引领 Z 世代树立绿色环保、积极健康的生活观念；另一方面表现在 Z 世代人群能以青春洋溢、热情激昂的精神面貌和自主独立、乐观自信的生活观念感染我国老牌企业，为其发展注入活力。

## 结语

面对疫情的冲击和考验，我国许多老牌企业面临巨大的压力和挑战，如何化解危机，赢得 Z 世代的信赖，重新焕发生机，品牌年轻化的探索十分重要。榄菊敏锐地洞察到 Z 世代的消费潜力，以轻松亲切的姿态与 Z 世代进行深入沟通，不断践行"护卫人居健康、共享静美生活"的企业理念，成功赋予企业"人格化"的魅力，成为 Z 世代喜爱的中国优秀企业之一。Z 世代是有思想、有主见的一代人，他们绝不是被动的消费者，他们出生在互联网商业化时代、成长在移动互联网时代，他们是娴熟高超的社交媒体用户，是网络塑造了独特的 Z 世代。了解 Z 世代消费特征、消费观念，探究面向 Z 世代品牌传播策略的同时，仍需要以发展和成长的眼光与 Z 世代共合作、共成长，为社会和国家传递正能量。
（高菲、杨洁仪，江苏师范大学传媒与影视学院）

# 参考文献

[1] 艾·里斯，杰克·特劳特.定位[M].谢伟山，苑爱冬，译.北京：机械工业出版社，2011.

[2] 曹东勃，王平乐.当代中国二次元文化的缘起与流变[D].上海：上海财经大学，2020.

[3] 曹庆云.色彩在平面设计中的作用及注意事项[J].大舞台，2014（5）：59-60.

[4] 陈维超，薛晓莹.品牌借势二次元IP创意传播与营销研究[J].重庆三峡学院学报，2019，35（184）：42-48.

[5] 傅琳雅.数字技术驱动下消费者：品牌关系的嬗变[J].青年记者，2020（26）：19-20.

[6] 郭羽佳.西方品牌理论的本土化实践策略分析：基于改革开放四十年中国企业品牌成长的视角[D].太原：山西大学，2020.

[7] 黄楚新，吴梦瑶.中国移动短视频发展现状及趋势[J].出版发行研究，2020（7）：64-70.

[8] 金石.老品牌"枯木逢春"：一个不仅仅听上去很美的战略[J].现代企业教育，2008（23）：36-37.

[9] 李孟贾，霍楷."国潮"风格视域下广告设计艺术审美研究[J].湖南包装，2021(36)：87-90.

[10] 刘璐.视觉传达创意设计中发散思维技法的应用解析[J].艺术与设计：理论版，2014（5）：40-43.

[11] 刘书亮，朱巧倩.论二次元文化的概念流变及其文化消费特征[J].现代传播，2020（8）：22-26.

[12] 刘雯.论中国民族品牌发展[J].现代商贸，2009（11）：96-97.

[13] 吕白.人人都能做出爆款短视频[M].北京：机械工业出版社，2020.

[14] 马辰睿.国潮品牌广告的传播策略分析[J].今传媒，2021（3）：111-114.

[15] 彭颖. 洗护巨头"潮"出圈 [N]. 南方日报, 2020-08-21（AB04）.

[16] 石晨旭. 互联网、人才、资本：中国广告创意十年之关键词 [J]. 美术观察, 2016（12）：18-19.

[17] 石晨旭. 殊途同归：改革开放以来的中国广告与平面设计 [J]. 装饰, 2020（7）：31-35.

[18] 孙利军, 高金萍. 新技术凸显强大的文化重构力量 [J]. 人民论坛, 2021（5）：94-97.

[19] 唐忠朴. 中国本土广告论丛 [M]. 北京：中国工商出版社, 2004.

[20] 汪涛, 谢志鹏, 崔楠. 和品牌聊聊天：拟人化沟通对消费者品牌态度影响 [J]. 心理学报, 2014（7）：987-999.

[21] 汪文斌. 以短见长：国内短视频发展现状及趋势分析 [J]. 电视研究, 2017（5）：18-21.

[22] 乌力雅苏, 戚凯杰. 金融企业的共情营销策略研究：以银联为例 [J]. 现代营销, 2020（9）：138-139.

[23] 徐红霞. 浅析故事营销的运作策略 [J]. 现代营销, 2020（2）：60-61.

[24] 徐孜, 黄昊婧, 吴越, 石蒙蒙. 消费升级背景下"国潮"品牌传播及可持续发展研究 [J]. 湖南包装, 2020, 35（194）：91-96.

[25] 杨海军, 张雯雯. 论中国当代广告话语变迁的历史轨迹 [J]. 山西大学学报, 2015, 39（2）：79-85.

[26] 杨晓冬. 融媒体时代传统媒体如何与新兴媒体融合发展 [J]. 新闻研究导刊, 2020（11）：242-243.

[27] 杨雄. "00后"群体思维方式与价值观念的新特征 [J]. 人民论坛, 2021（4）：18-22.

[28] 张驰. 浅析改革开放以来中国品牌发展的历史分期问题 [D]. 北京：中国传媒大学, 2019.

[29] 张驰. 新起点上的中国品牌：历史、机遇与走向 [D]. 上海：华东师范大学, 2021.

[30] 张凡. 媒介评价：演变轨迹和社会影响探究 [D]. 南昌：江西师范大学, 2020.

[31] 张茂元. 数字技术形塑制度的机制与路径 [J]. 湖南师范大学社会科学学报, 2020（6）：7-16.

[32] 赵守东. 浅析中国民族品牌发展的现状及对策 [J]. 商业经济, 2008 (12): 64-67.

[33] 郑昊, 米鹿. 短视频策划、制作与运营 [M]. 北京: 人民邮电出版社, 2019.

[34] 朱萍. 中国日化 20 蝶变: 从广告渠道为王到组织生态变革 [N]. 21 世纪经济报道, 2018-09-24 (7).

[35] 颜景高, 贺巍. 论符号化消费的社会逻辑 [J]. 山东社会科学, 2013 (9): 115-118.

[36] 敖成兵. Z 世代消费理念的多元特质、现实成因及亚文化意义 [J]. 中国青年研究, 2021 (6): 100、102-104.

[37] 高菲. Z 世代的短视频消费特征分析 [J]. 新闻爱好者, 2020 (5): 41.

# 后记

本书能够顺利完成并付梓，是团队的智慧和力量！

本书的总体架构由榄菊总裁薛洪伟先生、市场部总经理陈绍洪先生和广告人文化集团创意星球总经理陈晓庆女士共同策划并主导核心思想，由天津师范大学新闻传播学院胡振宇副教授联合策划并撰写。胡振宇老师团队研读了20余万字榄菊品牌的发展资料，阅览了近万件榄菊品牌学院奖的优秀作品，并从中选择代表性作品进行研究，形成对榄菊品牌新媒体创意传播思路的独特见解。天津师范大学新闻传播学院广告学系李冰玉老师和康茜仪、管柳絮、骆冰、康世娇、沈婷婷、陈玉洁、王钰玮、赵梦镜等同学参与部分写作，尚小成同学协助两位老师完成后期校对工作。感谢天津师范大学胡振宇老师团队专业严谨、细致认真的工作！

同济大学艺术与传媒学院韩亚辉和郭智敏教授、复旦大学新闻与传播学院张殿元和李年林教授、北京大学案例研究中心赵海生研究员、北京师范大学新闻与传播学院徐静博士、江苏师范大学传媒与影视学院高菲教授和杨洁仪硕士，应邀分别从不同的理论视角深度剖析榄菊品牌年轻化战略。感谢上述学者的智慧付出！

感谢北京大学陆地教授！作为榄菊&广告人品牌联合研究院的联席院长，他对榄菊的品牌发展提出诸多真知灼见，本书也是在他的指导下编写完成的。

感谢清华大学出版社徐永杰老师！他对本书的编写与出版倾注了大量的心血，在编辑和加工的过程中认真负责、一丝不苟，为本书增色不少。

感谢天津财经大学珠江学院丁太岩老师，广告人文化集团李宏毅、袁林、李哲昊、刘栩等老师的支持。

最重要的感谢留给每一位为本书提供作品的参赛学生及其指导老师,他们为我们提供了素材。

感谢……

鉴于编者水平有限,本书难免有谬误之处,敬请读者朋友们批评指正。

编写组

2022 年 8 月 8 日